远　见　成　就　未　来

建 投 书 店 投 资 有 限 公 司

More than books

《新宝岛》(育英出版，1947)，这本书让当时名不见经传的漫画师手冢治虫一举成名，也让藤本和安孙子沉迷其中。

《漫画少年》(学童社)，其特点是读者投稿栏目，广纳好作品，成为日本全国有志于漫画的少年争相投稿之处。

《UTOPIA：最后的世界大战》（鹤书房，1953）是藤本和安孙子两人出版的首部漫画单行本。

常盘庄在 1982 年被拆除，在原址上建起了一栋新大楼，但一块石质纪念碑保存了过往的记忆。

常盘庄原址附近的公园里立着一块名为“常盘庄的英雄们”的纪念碑，此照片拍摄的是台座已被掩埋的浮雕。

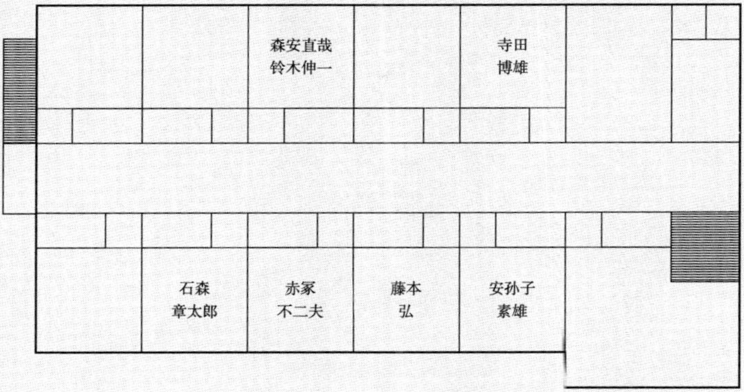

森安直哉
铃木伸一

寺田
博雄

石森
章太郎

赤冢
不二夫

藤本
弘

安孙子
素雄

1956 年常盘庄二层的入住情况。

我是
藤子・F・不二雄

漫画是我永不放弃的梦想

筑摩书房编辑部 著
李敏 译

中国出版集团
中 译 出 版 社

图书在版编目（CIP）数据

我是藤子·F·不二雄 / 日本筑摩书房编辑部著；李敏译. --北京：中译出版社，2019.7

ISBN 978-7-5001-5879-0

Ⅰ. ①我… Ⅱ. ①日… ②李… Ⅲ. ①藤子·F·不二雄—传记 Ⅳ. ①K833.135.72

中国版本图书馆CIP数据核字（2018）第300862号

版权登记号：01-2018-8204

我是藤子·F·不二雄

出版发行： 中译出版社
地　　址： 北京市西城区车公庄大街甲 4 号物华大厦六层
电　　话：（010）68359101；68359303（发行部）；
68357328；53601537（编辑部）
邮　　编： 100044
电子邮箱： book@ctph.com.cn
网　　址： http://www.ctph.com.cn

出 版 人： 张高里
特约编辑： 冯丽媛　楼伟珊
责任编辑： 郭宇佳　张孟词
封面设计： 肖晋兴

排　　版： 壹原視覺
印　　刷： 北京中科印刷有限公司
经　　销： 新华书店

规　　格： 787 毫米 × 1092 毫米　1/32
印　　张： 6.75
字　　数： 68 千字
版　　次： 2019 年 7 月第 1 版
印　　次： 2019 年 7 月第 1 次

ISBN 978-7-5001-5879-0　　**定价：** 32.80 元

中　译　出　版　社

我曾幻想着有一天长大了，也能这样、那样去冒险，于是我试着去描绘幼稚的孩童梦。万万没想到，不知不觉间我已成为一名漫画家。

——藤子·F·不二雄

写在前面的话

"Hi. I'm Doraemon."（"嗨，我是哆啦A梦。"）

2016年2月，在《哆啦A梦》诞生46年后，美国开始放映其英文版电视动画。

在美国放映的版本中，Noby（大雄）和Doraemon（哆啦A梦）一同进餐的食物从蛋包饭变成了美式烤薄饼，他拿到的零花钱也从日元变成了美元。而Big G（胖虎）的口头禅却依旧是："What's mine is mine, What's yours is mine!"（"你的就是我的，我的还是我的！"）显然这是全球通用的。

为了入乡随俗，登场人物的名字和画面都进行了调整，而作出这样的尝试实属首次。相信身为作者的藤子·F·不二雄也会十分惊讶吧。

如今，日本动漫在日本国内乃至全球都拥有极高人气，甚至在海外也开始普及“MANGA”（漫画）和“ANIME”（动画）的说法。事实上，日本每三本出版物中就有一本是漫画，漫画已然不是孩子们的专属读物了。

然而，在藤子・F・不二雄立志成为漫画家的 20 世纪 40 年代，漫画还是一种非主流读物。不仅书店中很少能看到漫画的踪影，绘制漫画的孩子也会被视作“怪胎”。

即便在这样的大环境下，藤子・F・不二雄依旧没有放弃自己的“漫画梦”，一直为成为一名漫画家努力着。之后，他终于以一名漫画家的身份出道，发表了众多漫画作品，但《哆啦 A 梦》的诞生，是在他出道约 20 年之后。

在此期间，身为漫画家的藤子・F・不二雄经历过两次重大挫折。一次是在他 21 岁时，另一次是在他 35 岁时。

两次经历都关乎他漫画生涯的存续。面对如此的难关，他依旧没有停下画笔，终于在 36 岁时为世间带来了《哆啦 A 梦》。

藤子·F·不二雄将自己成长为漫画家的历程喻为“一段冒险”。他就像野比大雄一样，不畏艰险勇往直前，遨游在梦想和冒险的世界中。

在那个世界中，这位逐梦少年体验过怎样的艰难险阻？他又是如何迎难而上，创造出《哆啦 A 梦》的呢？

与藤子·F·不二雄共同创作漫画多年的老搭档藤子不二雄Ⓐ曾出版了半自传性作品《漫画道》（中央公论新社，1996）及《爱……懵懂时节……》（小学馆，1997—2013）。这两部作品讲述了二人对漫画的热爱以及他们在创作漫画过程中的情谊和趣闻。本书以这两部作品为基础并参考了其他相关资料，试图探寻藤子·F·不二雄传奇的一生。

接下来，藤子·F·不二雄的逐梦和冒险故事，即将拉开帷幕。

目　录

第一章

两场邂逅

我就是“野比大雄”

“孩童时，我就是‘野比大雄’。”

1996 年 9 月 29 日，在《哆啦 A 梦》作者藤子 · F · 不二雄的葬礼上，所有参加殡仪的人都收到一份答谢礼，其上就写着这样一句话。

这句话出自藤子 · F · 不二雄生前回顾自己少年时代时所写下的文章。

藤子 · F · 不二雄的代表作《哆啦 A 梦》讲述的是一只来自未来的猫型机器人哆啦 A 梦凭借从异次元口袋中掏出的千奇百怪的道具，帮助懦弱的爱哭鬼少年野比大雄的故事。这部漫画毋庸置疑是日本诸多漫画中最杰出的作品之一。

在这部作品中，登场人物少年野比大雄的原型其实正是作者藤子·F·不二雄本人，而《哆啦A梦》也是以作者的童年时代为背景创作的。

藤子·F·不二雄，原名藤本弘，生于1933年，父母皆在邮局工作，是家中独子。

当时，日本正处于“十五年战争”时期。1929年，纽约股市大崩盘造成全球经济恐慌，日本经济状况也随之跌落谷底。据统计，1930年，日本全国失业人数多达250万人以上。报纸头条连日都是“不景气”“失业”“全家自尽”等令人痛心的标题——日本正遭受着前所未有的危机。

在这个国家刚刚经历了上述经济危机情况稍有好转之时，这位藤本少年出生了。

藤本少年自幼瘦如竹竿。又因性格内向，极度认生，所以罕有朋友，课间休息时也总是形单影只地坐在教室的角落里。

不仅如此，他身体羸弱，无运动细胞，活脱脱一个“野比大雄”。被班里的淘气鬼欺负后，哭丧着脸回家的日子也不在少数。

少年出生并成长于日本富山县高冈市。位于富山县西部的高冈市是富山县第二大城市。它历史悠久，城镇周围遍是悠闲宜人的田园风光。

庄川在城镇间缓缓流淌。河川的尽头，剑岳、立山、药师岳以及在黑部川两岸相对而望的白马岳和鹿岛枪岳等海拔 3000 米以上的山峰高耸入云，连绵起伏。尤其是其中的立山，它同富士山、白山并称日本“三灵山”，对于自古信奉山岳的富山人而言，它就是他们的精神信仰。

少年家门前的道路上，有三块种着大树的空地，孩子们经常会在那里玩耍。

一家木材厂建在空地的尽头，旁边四处堆积着木材，这里便是附近孩子们最喜欢的游乐场。他们一整天都会在场地内奔跑，不时传出攀爬巨大木材时的呐喊声。

藤本少年有时也会混在孩子堆里玩耍。但懦弱无力、腿脚慢的他，总会变成那个被暴跳的淘气王追赶训斥的对象。

“啊，要是在这种时候我能从口袋里掏出一件让淘气王瞠目结舌的道具该有多好！”

这样的想法犹如一粒种子，默默埋在了少年幼小的心中。

不可思议的故事

这位少年的乐趣所在，就是独自在家读书、画画。他的父亲是位爱书人，自藤子懂事起，家里就有许多绘本和童话集。

当时的绘本有伟人传记和漫画两种类型，吸引他的是绘有丰富多彩图画的漫画。

父亲却厌恶漫画，每当发现他模仿漫画作画时，就会加以斥责，所以他总是避开父亲和祖母的视线偷偷阅读。

在所有读过的漫画中，最吸引他的莫过于配图风趣、着色绚丽的《孙悟空》。从石头中诞生的孙悟空大闹天庭，被如来佛祖困在山下，500 年后被三藏法师救出，一同踏上西天取经之旅的故事让他十分着迷。

“世间居然还有如此神奇的故事！”从此，少年爱上阅读奇幻故事，《西游记》《一千零一夜》等作品，他都百读不厌。

在那之后，让他爱不释手的作品是英国作家约翰·巴肯的《魔法手杖》(*The Magic Walking Stick*)。藤本后来提到，这是一部让他初次体验到 SF（参见第 155 页）魅力的重要作品，对他具有深远影响。

书中的主人公比尔拥有一根可以瞬间穿越时空、到达全球各地的魔法手杖，他凭借这根魔法手杖解救了某国被幽闭的皇子。这样一个冒险故事让少年怦然心动。“要是某一天我也能拥有这样一根魔法手杖，一定要让它带我去见识这未知的广阔天地！”

藤本少年乘着想象的翅膀，遨游在似幻似真的梦想中，想象自己是在不可思议的世界中冒险的主人公，并将这奇妙的想象用画笔记录了下来。渐渐地，少年坚定了决心——他要成为一名漫画家。

邂逅搭档

1944年，太平洋战争正在酣战之时，对于藤本少年而言一场十分重要的邂逅发生了。在他就读的定冢小学五年级二班，来了一位转自邻市冰见市的转校生。

“这位是安孙子素雄君。”

老师身旁站着一个戴着眼镜、身材矮小的少年。看他紧张的样子，小藤本猜想，这个孩子应该和自己一样，也是个内向的人。

安孙子是冰见市光禅寺住持之子。父亲因病过世后，他随母亲和姐弟四人来投奔家住高冈市的伯父。

安孙子很认生，和初次见面的人说话时还会脸红。课间休息时，班级里的其他同学会到教室外玩耍，只有他依旧不离课桌。走近看，会发现他正在笔记本上涂鸦。

“你画得真不错呀！”

看到他的画，藤本少年忍不住赞叹。这是藤本第一次主动和别人搭话，因为他完全被绘画中的安孙子吸引住了。

“你也画画吗？”

听到安孙子这样问，藤本便把自己画在笔记本上的画递给他看。安孙子仔细端详着藤本的画作，由衷感叹道：“你画得也很好啊！”

安孙子后来回忆说，藤本当时递给他的画作已然称得上是“漫画”，那精湛的画工令他由衷地惊叹和敬佩。

而藤本后来也说，看到安孙子的画时，自己也兴奋得身体要爆炸般。由于当时几乎没有孩子喜欢画画，同样的爱好让两人很快成了情投意合的朋友。

从那之后，无论上学放学，两人都形影不离。回家路上，他们每日的既定行程是漫步高冈古城公园，随后在射水神社前名为“二山”的小丘上停留一会儿。

“我将来想成为一名漫画家。”

他们惬意地躺在草地上，不厌其烦地一遍又一遍欣赏彼此的作品，热情洋溢地畅谈着关于漫画的一切，时间在这样的氛围下不知不觉地流逝。

纤瘦高挑、认真严谨的藤本和个头矮小、处事随性的安孙子，无论是身材长相还是性格都恰恰相反，但神奇之处就在于两人意气相投，从来没有发生过争执。这也许是两人都喜欢画画，又住处相邻，而且幼年丧父，家庭背景也很相似的缘故吧。

但此时的两人还完全未曾料想，日后他们会成为搭档，几十年如一日地勤于笔耕，进行漫画创作。

两人的另一个共同爱好是看电影。

当时在高冈市内有7座电影院，两人省吃俭用，存下仅有的零花钱，保证每天都能看上一场电影。安孙子家附近有一座西洋影片首映馆，那里也是两个人最喜欢去的地方。

1945年“二战”结束后，随着美国文化潮流进入日本，许多美国电影也被引进。1945年上映的国外影片只有两部，翌年就有近40部。其中绝大多数是美国影片，观影者无不为银幕上的影星着迷。

20世纪60年代电视机普及之前，在电影院观影是老百姓的最大乐事，影院里出现孩子们也不算什么稀罕事。当时，藤本和安孙子两位少年就在昏暗的影院中，将电影中出现的经典场面临摹下来画成漫画，或者用笔记下其中的经典台词，然后回到家里玩“观影过家家”的游戏。

两位少年对迪士尼系列电影情有独钟。第

一次在电影院观看迪士尼短片《孩子的梦想》时，梦幻般的色调以及角色丰富的表情和动作令二人深受震撼，当天就决定二次观影。

看完迪士尼首部长篇动画电影《白雪公主》后，两人感动得痛哭流涕，当即决定要给作者沃尔特·迪士尼寄一封慕名信。

但着手写信时，问题来了——词穷。这也难怪，毕竟收信者是美国人。两位少年就一边翻阅词典，一边绞尽脑汁，总算用拙劣的英语拼凑出一封信寄了出去。

怀揣着观影后的那份感动，两位少年依旧形影不离地探讨着他们对漫画的热爱。日子一天天过去，他们逐渐淡忘了曾寄出的那封慕名信。两个月后，他们竟收到了沃尔特·迪士尼的回信。

“他看懂了我们写的英语！”

他们的喜出望外之情，实在难以言喻。

漫画放映会

那段时间，藤本和安孙子两位少年将学习任务丢在一旁，整日沉迷于电影之中。

在那个家里还没有电视机和录像机的年代，想要玩“观影过家家”，条件也很受限，难以实现“动起来”的效果。于是两人有了制作一台反射式幻灯机的主意。

藤本用胶合板制成木箱，在其后部安装灯泡和镀锡铁皮，外部安装凸透镜，然后通过在箱体中抽插画片进行放映。

藤本天生手巧，平时就喜欢鼓捣轮船和飞机模型，十分擅长手工制作。一个人在屋子里埋头做工时，经常会忘记时间。

打开幻灯机内的光源，关上房灯，缓慢地缩放镜头调整焦距，白色墙壁上渐渐呈现出朦胧的影像。虽然有些模糊，但还是能分辨出其上绘制的图画。这是一个多么美好而梦幻的场景啊。

“我们就用这个来办漫画放映会吧！”

“好主意。一定要办起来啊！”

两人迅速开始绘制放映所需的漫画素材。

他们把以前放学回家后绘制的漫画凑到一起，竟凑成了《丹下左膳》《机器人大暴走》《天空的秘宝》“豪华三部曲”。两人共同设计海报并制作了以此为名的首演橡皮章，用来印制观影票。

他们将票分发给了自家附近的玩伴、亲戚家的小孩和低学年的孩子们，在家里举办了首次漫画放映会。这次由十多人构成的小型观影会大受好评，于是两人开始合作绘制名为《天空魔》的漫画，为接下来的放映作准备。

漫画讲述的是，被大陆“姆”驱逐出境后长期潜伏于宇宙角落的恶势力伺机侵略地球以实施复仇行动的故事。把自己绘制的漫画和大家分享，是一件既紧张又兴奋的事情。这时的二人，已然迈出了通向漫画家之路的第一步。

来自手冢治虫的冲击

一天，安孙子气喘吁吁地冲进藤本的家里。

“出大事了！”

“怎么了？”

“我发现了了不得的东西。快看！”

说话间，安孙子已兴奋得面红耳赤。

原来是他伯父家上小学的弟弟有一本十分有趣的书，安孙子借了过来。

安孙子拿在手里的是一本漫画，书名叫《新宝岛》。封面上方是两行大大的罗马字“SHIN TAKARAJIMA”，下方是一位少年和一个宝箱，岩石后则潜伏着觊觎宝箱的海盗。

少年感受到了电流穿身而过的兴奋感。毕竟当时距离“二战”结束还不足两年，他们还从未见过封面上写着罗马字的洋气漫画。

“《新宝岛》。还写着英文名呢，好炫酷啊！”

“厉害吧！”

封面底部是“原作・构成：酒井七马／作画：手冢治虫”的字样。

“手冢……治虫？手冢治……虫？”

“真是个怪名字。”

这么怪异的名字他们还是初次耳闻。但比起这个，他们更迫不及待地想知道书中的内容。

“哎呀，快打开一探究竟吧！”

小心翼翼地掀开封面，映入眼帘的是“奔向冒险之海”的小标题。两人已经被标注了罗马字的书名震惊到，更未曾想这本漫画居然还有小标题！

漫画的开场场景是主人公少年彼得驾驶着一辆敞篷车赶往码头的跨页图。

驾驶汽车的少年表情严肃，他紧握方向盘，目不转睛地凝视着前方。驶过“波止场”的路标后，汽车猛然提速，终于在驶过林间小道后，渐渐淡出了视线……

在这个占据了两页的场景中，居然没有一句对话，其间的动感和速度感却扑面而来。两人仿佛听到了汽车疾驰的引擎声和刹车声——这明明是本漫画，笔触却如动画一般活灵活现。

“这本漫画有些与众不同啊！”

两人如获至宝，屏气凝神地一页页读下去……

《新宝岛》讲述的是少年彼得整理父亲遗物时，在他的文件箱中找到了一幅藏宝图，随后和船长一起奔赴地图所示岛屿的冒险故事。

巧妙地体现出节奏的分镜、对于特写和长镜头等新颖构图手法的灵活运用，让两位少年瞠目结舌，而最让他们感到惊讶的是故事铺陈的规模之宏大。

改变历史的手冢漫画

在中日交战和太平洋战争时期，日本国内实施了严格的言论管制。政治漫画以及风俗漫画都被责令禁止出版，在很长一段时间里，漫画家们无所适从。

漫画重见天日始于漫画家们开始绘制以宣传国家统治政策为目的的作品。1936 年，《讲谈社绘本》系列出版后，绘本在儿童读者中间广为流传。

后来，山川惣治的《少年肯尼亚》和《少年王者》等作品奠定了“绘物语”这一图书类别的基础，并收获了巨大的人气。此类作品是从连环画发展而来的，由文本和插图搭配构成。之后，田河水泡的绘画作品《黑野狗》也受到了空前追捧。就此，漫画逐渐在日本社会立足。

然而，当时的漫画几乎都受到四格的空间限定，在固定的背景下，用舞台表现手法呈现故事。内容简单明快，以搞笑见长。

但显然两位少年眼前的这本《新宝岛》独树一帜。

尤其对藤本少年而言，他从小憧憬的冒险故事，那个曾经只在电影和小说中才会接触到的世界，现在正以漫画的形式展现在他眼前。

“这是在纸上画出来的电影啊！”

少年读完这本漫画，由于受到太大的冲击，

整个人茫然伫立在那里，一动不动。

《新宝岛》是手冢治虫的首部漫画单行本，据不完全统计，销量高达40万至80万册。这是日本战后首部畅销作品，它的出现改变了漫画的历史。

手冢意识到现存漫画在形式和构图上的局限性，于是以学生时代观看过的德国及法国电影脚本为素材，对电影表现手法进行了研究。通过研究，他打破了以往对“漫画”的定义，创造出了被称为“漫画故事”的漫画新纪元。

不只是我们的主人公藤本和他的搭档安孙子，包括石森章太郎（后来笔名改为石之森章太郎）和赤冢不二夫等随后活跃于漫坛的很多人，也是在读过《新宝岛》之后，立志走上漫画家之路的。

梦想成为漫画家

在邂逅《新宝岛》之后，藤本少年仿佛着了魔。

“我想看这个人更多的作品！”

他用了一个月的时间寻遍了大街小巷的书店，翻找手冢治虫的其他漫画作品。

那个年代，漫画被称为“赤本”，它们通常作为儿童玩具的一种在糖果店或玩具摊位售卖。因此，一般书店并不会放置漫画，更别说是作为教育大县的富山县了。

然而，就有那么一家特立独行的书店被藤本发现了。店铺虽小，但店里的书全都是漫画，甚至还有一些不出名的作品。只要付上 5 日元，就可以坐在椅子上看个够。

自那之后，少年频繁出入书店，翘首企盼着手冢治虫的漫画快些出版。如他所愿，手冢的漫画果真以两月一册的惊人速度出版着。一有新作上市，两人很快购入，将学习搁置一旁，沉迷于漫画故事。

“手冢老师的漫画真是有趣啊！”

“是啊。好想赶紧看到下一本！”

地心国、机器人、外星人、时光机、四次元、恐龙、人工细胞——在手冢治虫的漫画中，每次都会发生神奇的故事，每本都让人爱不释手。

尤其是在1948年出版的手冢治虫SF作品《遗失的世界》，可以称得上是一部超越电影和小说故事规模的巨著。

少年博士敷岛健一一行在象征着远古时代地球的“曼曼可星”上发生的科幻冒险故事，让少年心生悸动。

战后不久，人们仍然过着食不果腹的生活。然而在漫画世界里，和自己同样年纪的少年已经穿越到了远古地球，在宇宙间航行。

“我要成为像手冢治虫那样的漫画家。”

藤本少年决心已定。

第二章

两人一体的漫画家

世上仅此一本的漫画杂志

进入中学后，藤本少年对漫画的热情丝毫没有减退，反而有愈演愈烈之势。

中学时，两人就读于不同的学校。藤本上的是高冈工艺专科学校中学部（现在的高冈工艺高中），安孙子则在高冈中学（现在的高冈高中）就读。虽然不同校，但两所学校毗邻。

放学后，他们还是会等着对方，然后一起到一方家中召开漫画企划会议。两人决心制作一本漫画杂志。

为此，藤本开始不顾学业专心画漫画。他身体虚弱，要是换作别的事，可能撑不了多久就病倒了，但唯独画漫画可以让他持续撑下去。

1950 年 4 月，藤本和安孙子共同创作的首本手绘传阅杂志《少太阳》制作完成。《少太阳》从目录到广告页结构齐备，60 多页的内文全部手绘完成，是世上仅此一本的漫画杂志。

他们小心翼翼地将耗费多日才绘制完成的画稿用线装订起来。将杂志捧在手中，两人感慨万千，心中充满无上的成就感。来回翻看多遍后，他们脸上的表情才渐渐舒缓下来。

“我们还是快些拿给朋友们看看吧！”

“走吧！走吧！”

杂志在自家附近孩子们的手中传阅，很快《少太阳》便得到大家的一致好评。最初藤本对这部作品没有太多信心，在分享给大伙儿之前一直惴惴不安。直至听到有人说“想早点读到下一本”时，他才安下心来。同时，这样的呼声也给了他们莫大的鼓励，两人决定将《少太阳》办成月刊杂志。

虽然是照猫画虎的作品，但最终成型的《少太阳》是一本内容丰富、极具阅读价值的娱乐杂志。这本杂志当时的组稿也模仿了漫画杂志，并且卷末标注出“总编：藤本弘 / 出品人：安孙子素雄”的字样。从首部杂志开始，藤本和安孙子已经决心要将制作一本商业杂志的思想贯彻到底。他们从读者的视角推出漫画杂志的理念也有根可循。

多年后，藤本在谈到手冢治虫时曾说过：“手冢治虫的作品始终是以读者为根本的。这是我从他身上学到的最为重要的教诲。”（《学习漫画人物馆：手冢治虫》，小学馆，1996）这一教诲在他与手冢会面之前的《少太阳》时代，已经被践行了。

《少太阳》中的漫画全部是由两人绘制完成的。为了让它和真正的杂志更贴近，他们在书中使用了许多不同的笔名。

“海野博”是藤本模仿了自己喜欢的科幻小说家海野十三取的名字，“小松原滋”来源于安孙子敬佩的画家小松崎茂，而“手冢不二雄”则是两人为了向他们心目中的漫画之神手冢治虫致敬而起的笔名。

两人全身心投入到《少太阳》的制作当中。灵感不断从他们的脑中迸发出来，他们几乎不眠不休地进行创作。

进入最后完稿阶段，他们在这本凝结了两人心血的杂志首页写下了这样一句话：“此书非印刷品，世上仅此一本。请务必爱惜！”

投稿《漫画少年》

藤本和安孙子开始尝试将他们的漫画作品向杂志和报纸投稿。主要的投稿对象是漫画杂志《漫画少年》和报纸《北日本新闻》的四格漫画栏目。

《漫画少年》是一部由学童社发行的专业漫画杂志，由从讲谈社辞职的加藤谦一创办。在当时，以漫画为主体内容的专业杂志还很少。1947年至1955年间，《漫画少年》共发行101期，深受喜爱漫画的少年们的欢迎。

在《漫画少年》上连载作品的有《游手好闲者》的作者田河水泡、田河的弟子长谷川町子（《海螺小姐》的作者）以及凭借《新宝岛》一举成名的手冢治虫等一众实力漫画家。

那段时间，手冢治虫在《漫画少年》上连载的是名为《森林大帝》的一部长篇漫画。

故事讲述的是一只在非洲丛林中被人类养大的白狮雷欧的成长经历，这是当时《漫画少年》的招牌作品。

手冢治虫出道后不久便开始了《阿童木大使》（《铁臂阿童木》的前身）以及《缎带骑士》的连载创作。年仅22岁的他，作品几乎已经遍布所有漫画杂志，人气超群。

《漫画少年》有一个广受欢迎的专栏，那就是读者投稿栏目。一旦作品被该栏目选中，不仅创作者的名字会被公布，其作品也会在杂志上刊登。因此，全国的漫画少年们都争相投稿。

《漫画少年》致力于从投稿中发掘新人，故将读者投稿栏目的点评任务委托给了手冢治虫。听说广大漫画少年倾慕的手冢会亲自审阅投稿作品，使这一栏目被看作能让少年们一跃成为漫画家的“龙门”。

藤本和安孙子自然也每月定例投稿，默默期待着“中彩”的那一日。1950 年 3 月，安孙子的四格漫画作品入选了，这是他们的作品首次被发表。4 月，藤本的一个两页作品也得以发表。

“太好了！选上了！”

两人激动得欢呼雀跃。

读者投稿栏目有时会刊登入选作品，有时只刊登入选者的名字。名字按地区划分，按五十音顺序排列。名字印得非常小，两人拼命在其间寻找自己的名字。

入选者中只有少数几人是富山县出身，而宫城县的石森章太郎、新潟县的寺田博雄以及赤冢不二夫则是栏上常客。

两人翻阅着全国各地漫画少年的入选作品，胸中燃起熊熊斗志。此时的两位少年还完全料想不到，将来他们会和这些人一同住在传奇的

“常盘庄”，相互切磋，共同成长。

联手创作漫画

和安孙子一起绘制在朋友间传阅的杂志，向报纸和漫画杂志投稿……藤本每天都沉浸在漫画的海洋里。

作为一名中学生，藤本整日埋头于漫画当中，这样的形象在外人看来不甚可解。毕竟“二战”结束才几年，人们都在拼命做活，只为填饱肚子，而且漫画只被视为孩童读物。

藤本并不在意这些。无论是清醒还是在梦中，他的脑中都装满了与漫画相关的一切。只要《漫画少年》一出新刊，他便立刻冲到书店，兴冲冲地翻开读者投稿栏目，在新墨的香气中寻找自己的作品。看到自己作品得以发表的那一刻，他的心脏仿佛要停止跳动，那是一种无与伦比的感动。

藤本的灵感宛如泉涌，四格漫画已经无法满足他的创作欲望，他开始考虑绘制长篇漫画单行本。和安孙子在企划会议中反复探讨后，他们最终将书名确定为《UTOPIA：最后的世界大战》。

第三次世界大战中,S 联邦使用“氢弹”令地球陷入一片清冷死寂。当时被禁闭在避难所中沉睡了 100 年的少年苏醒后发现，地球已从灾难中重生，成为科学文明极度发达的乌托邦星球……

“我们来猜拳决定任务分工吧。”

“好啊！”

敲定主题和大纲后，两人开始共同创作登

场角色。主要登场角色塑造完成后，两人分头创作自己负责的部分。

这部作品的风格深受手冢治虫初期 SF 长篇三部曲《遗失的世界》《大都会》《未来世界》的影响。即便有前辈的作品可供参考，但当时有关科幻的信息来源十分有限，两人为了描绘出未来都市建筑群的形象绞尽脑汁。

更何况，他们也无从得知被“氢弹”冰冻的地球会是怎样的情景，所以同样只能凭借想象来描绘。

原来将未曾见过的奇妙世界付诸笔端竟是如此困难之事。两人痛感漫画创作艰辛的同时，也再次领教了在该领域创作出一部部作品的手冢治虫的强大实力。

画了一段时间后，他们突然想到一个点子：透过玻璃杯观察纽约曼哈顿的照片，随着手中的玻璃杯缓缓移动，呈现在他们眼前的是一幅凄凉寒冷的景象。少年们如有神助。

这部作品耗时一年，它成为两人首部也是唯一一部合作绘制出版的单行本。以此为契机，他们决心从今往后一直以合作的方式进行漫画创作。

每天都是漫画

那段时间，藤本的日记本里有这样的记录：

昭和二十五年［1950年］3月5日

明天考试。估计很难抽空画漫画了，于是决定今天多画一些。带着绘画工具钻进壁橱，结果不小心把墨弄翻了，洒得满被褥都是。睡前得想个借口。

3月6日

给《北日本新闻》投了稿，希望能入选，否则何必荒废学业整日画这些呢？岂不是没有任何意义？今天有物理考试，考得不怎么理想。《漫画少年》寄来了包裹，是枚奖牌。等考试结束继续投稿。

3月7日

今天考了国语和英语，没想到考题很简单，但还是不会做。买了江户川乱步的《孤岛之鬼》。又没好好学习，算了，总会有办法的。

（《两人只顾一门心思创作少年漫画》，日本图书中心，2010）

从日记的记述中，我们可以清晰地看出藤本对于漫画的痴迷。而那时，藤本与父亲已经阴阳相隔，他和母亲蜗居在豆馅店的二层，靠母亲做女红勉强度日。

在藤本很小的时候，母亲是支持他实现漫画家之梦的唯一坚强后盾。父亲对他画漫画的态度是：“漫画这种东西，读读也就罢了，还要自己画？这成何体统！”因此，这个内向认生的少年只能偷偷把漫画藏起来。母亲却由衷地为他能因漫画结识朋友而开心，也很欢迎他把朋友们领回家中。

虽然儿子不曾言语，母亲却将孩子对漫画的一举一动看在眼里，深知他有一颗成为漫画家的心。

因此，母亲总是在时机得当的时候对儿子说：“不要记挂妈妈，去做你想做的事吧！”

然而，如今父亲已经离世，作为家中独子，自己真的应该一心画漫画并以此为生吗？又或者，仅仅把漫画当作兴趣，待中学毕业后，和其他人一样找份正经工作过活？

虽然藤本深爱着漫画，想一直创作下去，但成为漫画家对现在的他而言是一种奢望。最根本的原因是，他无法保证可以靠画漫画养活自己。另外，藤本的伙伴安孙子已经找到了工作。毕业后，他将去伯父担任要职的富山新闻社就职。

藤本对漫画的爱未曾改变，但现在的他在毕业去向的抉择上感到迷惘。

以漫画家身份出道

在即将面临中学毕业的 1951 年年末，两人突然收到一份来自大阪每日新闻社的 2400 日元的邮政汇款单。

“这会是什么钱呢？”

“完全不清楚……不过，这确实是汇给咱俩的。”

当时刚入职的公务员薪水约6500日元，2400日元对仍是中学生的两人而言是一笔巨款。

“是啊……对了！这难道是《天使小玉》的稿酬？”

《天使小玉》是两人之前投稿给报纸《每日小学生新闻》的四格漫画。《每日小学生新闻》曾连载了手冢治虫的四格漫画《小马日记》。身为手冢粉丝的两人订阅了该报，一日不落地追更。但就在两个月前的某一天，连载突然结束了。“既然手冢老师的内容结束了，那咱俩接着画吧！”失望的两人鼓起干劲，以《天使小玉》为题，创作了10页画稿。

初生牛犊的他们把漫画稿连同一封信寄给了报社。信中写道：“我们是富山县的中学生，非常喜欢贵报刊登的手冢老师的作品《小马日记》。既然目前已经停更，就请用我们的作品连载下去吧。”

四格漫画《天使小玉》讲述的是失去翅膀的天使小玉在凡间邂逅形形色色朋友的故事。两人在投稿时使用的是他们的本名。

“可是两个月过去了，我们并没有收到漫画刊登的通知啊。”

“也对。但也想不到其他原因了呀。”

“嗯……”

《小马日记》的连载结束后，他们就没有续订报纸，也没有收到报社的联络，所以理所当然地以为稿件已经石沉大海。

不过，确实没有其他原因了。于是他们将信将疑地跑去买来报纸，赫然发现报纸上刊登的正是《天使小玉》。

“等一下！我们给报社寄去的是10页稿子吧？”

"没错啊。"

"那完蛋了！"

10 页画稿也就意味着 10 天后就会断载。于是两人匆忙赶回家中，不顾考试期间的备考任务，拼命创作《天使小玉》的续稿，这样总算又赶出了 5 张画稿并寄到大阪的报社。

画稿寄走后，两人都松了一口气。他们很开心。因为这一次创作的漫画并不是出现在读者投稿栏目里，而是刊登在报纸上，并且还拿到了稿酬。

"我们终于作为职业漫画家出道了！"

"太棒了！"

虽然这次投稿并非受邀，而是毛遂自荐，但他们还是感觉自己已经踏上了漫画家之路。更何况是接续了偶像手冢治虫的连载作品，这也让两人心中平添了一份喜悦和自豪。

共同财产

内向瘦弱的藤本，从小自觉低人一等，而这次漫画作品登报之事给了他很大自信。他并没有让学校的伙伴们知道自己在画漫画，但由于名字出现在报纸上，很多同年级的孩子知道了这个秘密。

“哇，我看到报纸了！真是了不起！”

从班级吊车尾一跃成为大家瞩目的焦点，收获周围人的赞誉，藤本有一种重获新生的快感。

除了《天使小玉》的2400日元稿酬，他们还时不时收到其他漫画投稿的奖金。

一不留神，他们已经攒下一笔不小的财富，两人决定在邮局开设一个共同账户，将所有稿酬都存到那里。他们把这笔钱称作“共同财产”，两人一起商量钱的用途，或是买绘画工具，或是结伴观影。

这个独特的机制一直持续到这对漫画家组合解散。其间，他们以共同名义创作的作品所收获的稿酬都采取五五分成的方式。

存折由藤本保管，每月月底他负责用共同财产给两人发工资。不论存款多少，不论工作量如何分担，都是平均分配。

两人共同思考创意，共同绘制稿件，然后平分收入。两人一体的漫画家藤子不二雄就此诞生了。

其实这个时候他俩还没有笔名，一直都是用本名，以“藤子不二雄”自称是之后的事情了。不过，这个故事还要先从他们的偶像手冢治虫说起。

第三章

偶像手冢治虫

天才手冢治虫

对藤本而言如神一般存在的手冢治虫，是在当时日本漫画界的瑰宝。

手冢治虫生于1928年，日本大阪府宝冢市人（原名手冢治），在大阪大学医学部就读期间开始公开发表漫画作品，是一位学业与漫画兼顾的天才。

也有一种说法称，他在出道前已经积累了3000多张画稿。当时他已经医学博士毕业，前途无量，但在母亲的鼓励下，还是决定投身于漫画创作事业。《新宝岛》使他一跃成为漫画界的一颗闪耀明星。

之后，他不断在漫画杂志发表面向青少年

的漫画连载作品，为世间创作出遍及各个领域的众多杰作。

《森林大帝》通过白狮雷欧这一角色探讨了自然与动物的联系;《缎带骑士》则是一部少女漫画，讲述了主人公索菲亚公主如何被当作王子培养以继承王位的故事。

1968年,《铁臂阿童木》成为日本首部由漫画改编为长篇动画并在电视上播放的作品。这部以机器人少年阿童木为主人公的漫画在日本家喻户晓。

其他作品还包括以“无照经营”的天才外科医生黑杰克为主人公的医疗漫画《怪医黑杰克》、描写释迦牟尼一生的作品《佛陀》、透过永生鸟“火鸟”窥探生命本质和人类善恶的《火鸟》以及以“二战”前后纳粹兴亡为时代背景，塑造了三个同名同姓男人各自命运的作品《三个阿道夫》等。他的作品类别和主题极为广泛，在漫画界独领风骚。

在手冢治虫40多年的创作生涯中，绘制的画稿约15万张，作品近1000部。

此外，内容新颖、规模宏大的故事创作能力，独特的曲线风格以及绘画时超人般的速度——手冢治虫在漫画创作的各个方面都展现出了杰出的才能。

也正因如此，手冢治虫对当时和后来的无数漫画家都产生了深刻影响，其影响力甚至使日本漫画史有了“手冢之前”与“手冢之后”之分。手冢治虫的出现，让少年漫画迎来了一个崭新的时代。

两人一体的漫画家藤子不二雄

无论藤本还是安孙子，对年长5岁的手冢

治虫的才能都十分佩服。

邂逅《新宝岛》之后，两人开始反复模仿手冢的画风，所作漫画几乎可以以假乱真。

由于是模仿同样的漫画，两人的笔触自然也极其相仿，在合作绘制漫画的过程中并没有什么不适应。为同一位漫画家倾倒，对于合作创作的藤本和安孙子而言实在是一桩好事。

然而，手冢对两人的影响不仅仅是画风。

藤本和安孙子从中学开始合作创作漫画后，便尝试用笔名投稿。他们最初使用的笔名便是“手冢不二雄”。“手冢”自然是为了向他们所尊敬的手冢治虫致敬，“不二雄”（Fujio）则分别来自藤本弘的“藤”（Fuji）和安孙子素雄的“雄”（o）。

出于对手冢治虫大师的仰慕，两人欣欣然用这样的笔名给杂志投了稿。但过后就后悔了：“未曾向手冢老师请示便擅自使用他的名讳实在太过失礼。”他们立即决定改名。思前想后，两人觉得如果“手”字不能用，就用“脚”吧！即便望尘莫及，也尽可能多亲近几分。于是他们将笔名改为“足冢不二雄”。

当时和他们一起尝试投稿的漫画少年们很快意识到了这一笔名的由来，两人为手冢大师所倾倒的青涩而真挚的热情成为漫画少年间的美谈。之后，他们再次改名，取藤本的“藤”和安孙子的“子”字，正式将笔名确定为“藤子不二雄”。

来自手冢治虫的明信片

“你说，我们要不要给手冢老师写封慕名信啊？”

“好啊！我们赶紧动手吧！”

读过《新宝岛》后两人感慨万千，像曾给沃尔特·迪士尼寄出慕名信那样，也给偶像手冢寄出了一封信。

阅读《新宝岛》时的感动之情、因崇拜手冢开始创作漫画、将来立志成为漫画家……两人在信中写下了他们对偶像最真挚的热忱。

“手冢老师那里一定会收到来自全国各地成百上千的粉丝慕名信吧。”

《新宝岛》让手冢获得了漫画少年们的疯狂崇拜，所以很难保证寄去的信件会被读到。

于是两人心生一计，为了让自己寄出的慕名信受到关注，他们决定在信中附加一份手冢的油画肖像画。

但关键问题在于，他们并不知道手冢究竟长什么样子。在那个时候，漫画家的照片流传并不广，他们能参考的只有漫画中的一张速写以及印刷在纸上的模糊头像。

他们凭借这两张图像，以藤本为模特，安孙子作画，完成了一幅还不错的肖像画，随后把它和信件一同寄了出去。

虽说信已寄出，但能否被读到呢？藤本心中惴惴不安，一天几次去看邮箱里是否有回信。

“看来还是没戏啊。”

就在他们渐渐死心的某一天，藤本放学后照例打开邮箱，发现里边有一张明信片。

“是手冢老师！”

他用颤抖的手取出明信片，发现上面写着“手冢治虫”的名字。

“终于有回信了！太棒了，太棒了！”

藤本朝安孙子的家一路飞奔。

藤本家距安孙子家有 1000 米的距离。藤本奔跑途中被绊倒，裤子擦破了，膝盖也开始渗血，但他毫不在意，仍然没有停下奔跑的脚步。

“来信了！手冢老师的回信到了！”

安孙子听到藤本的呼喊，眼睛瞪得大大的，万分吃惊。

Dear Fuzimoto, I LOOK, SOMETIMES, YOUR NAME IN “MANGA SHONEN”，（亲爱的藤本，我有时在《漫画少年》上看到你的名字。）画工扎实，期待看到你的成长，请务必努力。谢谢一同寄来的肖像画和自画像。

文字呈螺旋状欢快地分布在明信片上，上下还有手冢漫画的人气角色兰普和胡子爷爷的手绘头像。

在结尾处，手冢写道：

“我现在正在创作《大都会》的姊妹篇《诺亚》（暂定名），会努力让它成为今年的畅销作品。”

藤本紧盯着这张明信片，不敢相信这一切是真的：自己收到了来自崇拜已久的偶像手冢治虫的来信，并且手冢曾看到自己在《漫画少年》上的投稿，还对作品赞誉有加。

对于立志成为漫画家的藤本而言，这张明信片给了他莫大的鼓励。藤本反复阅读，细细品味心中的喜悦。

行家的工作

为收到偶像来信而狂喜不止的两人，在那之后也经常给手冢寄出带有附件的粉丝信。

有时他们会把手冢作品《未来世界》中的一个场景用迷你模型还原并拍照寄出；他们还模仿当时的人气电影杂志《电影之友》制作了

《虫之友》系列杂志。

《虫之友》刊登的是手冢漫画角色的肖像画以及用影评笔调写下的对手冢漫画的感想。考虑到只有赞誉的点评很难成立，他们有时也会勉为其难地写一些负面评论。

同时，他们还将自己正在创作以及计划创作的作品作为“制作通告”列入其中。就这样，《虫之友》成了一册 B5 大小的全彩豪华系列杂志。

收到如此热情洋溢的粉丝来信，想必手冢也被打动了吧。之后，他们几乎以三四封去信一封来信的频率收到手冢的答复，有时寄到藤本家，有时寄到安孙子家。

在手冢的回信中，他就两人问及的自己使用何种作画工具进行答复。

得知是“某某牌的镝笔、某某牌的墨水”后，两人会赶紧跑到文具店买来同样的工具。

用同样的作画工具再次模仿手冢的漫画时，

线条变得十分相似，仿佛手冢亲笔绘制一般。藤本甚至觉得自己的画工得到了提升。

一次，手冢的回信中夹带了一份意外的礼物——手冢所绘的漫画手稿。

初次见到画稿实物的两人兴奋异常。和印刷的版本不同，原稿上的每一根线条都栩栩如生。

两人恨不得要钻进画稿中观察，探讨如何才能画出如手冢般细腻的线条。

手冢天才般的作画才能留下了许多佳话，令藤本和安孙子看得入迷的线条也是手冢漫画的特点之一。

在手冢的漫画中，包括登场人物，许多元素都是基于圆形创作出来的。据说，他可以不使用圆规徒手画出一个完美的圆。此外，手冢也不使用铅笔临摹底稿后再正式作画，而是凭借简单的底稿直接创作。因此，他的线条能够呈现出一种动感。在动笔的同时移动画纸也是手冢独特的绘画方式。

这里还需提及一点，很多漫画家创作漫画时会先绘制名为“分镜”的整体效果图，写下每页的布局、人物配置以及大致台词，对作品有整体规划；然后依据分镜用铅笔在画纸上画出底稿，再在其上精描细绘，这样一张画稿才算正式完成。

拜访手冢

中学毕业后，藤本在当地的津田糕点厂、安孙子在富山新闻社就职。虽然两人都梦想成为漫画家，但他们明白，光靠画漫画是无法维持生活的。

学生时代的最后一个春假，两人有一件万分期待的事情，那就是去拜访如神一般存在的手冢治虫。

这件事情的经过在引言中提到的《漫画道》及其他资料中都有详细描述。藤本和安孙子以寄慕名信为契机开始和手冢通信，后来他们写信希望能在春假时前往手冢所在的大阪宝冢市和手冢见上一面。

人气漫画家是否愿意面见身为中学生的自己还不得而知，但他们还是决心将信寄出，也算中学毕业季的美好回忆。

回信是手冢母亲寄来的。信中说，目前手冢不在家，请两人于某日某时前来。

收到回信的藤本和安孙子欢呼雀跃。终于可以见到手冢本尊了。

“我们终于要见到手冢老师了！”

“他究竟会是个怎样的人呢？”

两位性格内向的少年，却鼓起勇气向活跃在一线的漫画家提出见面的请求。这终究还是因为有人相陪吧。毕竟二人同心，其利断金。

会面确定后，两人满心只有这一件事，其他事都被抛在了脑后。

他们的行程是：坐夜间列车从高冈出发，第二天清晨到达大阪站后换乘电车前往宝冢市，拜访手冢，然后原路返回。

他们对照时刻表计算车费，详细制订出行计划。奖金和《天使小玉》的稿酬积攒起来的共同财产刚好够用。

毛巾、香皂、牙刷、饭团、药、时刻表、写生簿、相机、胶卷、铅笔、橡皮，必要的东西全部收入包中。此外，藤本还带上了自己偷偷筹备的大型历史漫画《宾虚》的画稿，希望能让手冢过目。

小说《宾虚》是一部广为人知的作品，1959

年威廉·惠勒将它搬上银幕。然而令世人惊奇的是，早在这之前数年，中学生藤本已经开始尝试将它改编为漫画。

紧张的会面

终于到了出发的那一天。

兴奋得一夜无眠的藤本再三确认行李后，和安孙子一起来到车站月台，等待列车驶入。列车准时驶来，因紧张而表情稍显凝重的两人上了车。落座后向窗外望去，夜色已深。

“明天我们就到大阪了呢。”

载着藤本和安孙子的夜间列车驶出高冈，向大阪行进。

第二天清晨，换乘电车从大阪到达宝冢后，

两人按照明信片上的地址开始寻找手冢的家。

两个出游新人走着走着便迷了路，最后狼狈到被山中野狗追得团团转。没办法，两人又折返宝冢车站，在问过巡警后，终于来到了手冢家的门前。

手冢家看起来十分气派。

“这里住着的就是手冢老师啊。”

站在大门口，两人不禁瑟瑟发抖。

“你快去摁门铃呀。”

“你怎么不去？”

胆小的两人迟迟不敢摁响门铃。

“那就猜拳决定吧！”

“行。石头——剪子——布！”

安孙子赢了。

输掉的藤本只能乖乖去摁门铃。他感觉自己的心脏仿佛要蹦出来，掌心也满是汗。他畏畏缩缩地朝着门铃伸出手指……

“丁零零——”

门铃响起的一刹那，藤本却扭头拔腿就跑。

“喂！你这是要去哪里啊！”

背后传来了安孙子的呼喊声。

藤本大脑一片空白。他也不知道自己怎么了，逃跑是身体的本能反应。全然陷入混乱的藤本直到被安孙子拼命追回来才慢慢回过神来。

这时，门口已经站着一位像是手冢母亲的妇人。

“两位就是藤本和安孙子吧，来，请进吧。”

穿过宽阔的过道，他们被引入放置着一架三角钢琴的待客室，坐在沙发上等待手冢。

很快就要见到手冢了。藤本紧张得说不出话。心脏跳动得越来越明显，咚咚的心跳声不知是自己的，还是从身边的安孙子那里传来的。

过了一会儿，走廊里传来了脚步声，门被推开了。

“哎呀，你们好。欢迎欢迎。”

进来的正是头戴贝雷帽的手冢治虫。

“这就是手冢治虫本尊啊……”

藤本无论如何都不敢相信，自从看过安孙子带来的《新宝岛》后就一直崇拜着的手冢治虫现在正站在自己面前。

表情紧绷的两人磕磕巴巴地问候了偶像，手冢亲切地感谢了两位少年写给他的慕名信，还对他们的作品赞誉有加。

藤本和安孙子都不敢直视手冢，只是默默颔首倾听，享受着和手冢共同度过的梦幻般的时光。

天才不为人知的努力

两人正对这次和手冢的会面感到心满意足

时，手冢对他们说：

“抱歉二位——”

“嗯？”

“其实我手头还有工作没有忙完，方便的话，能否在工作室稍等我一下？”

“诶！您是要带我们见识您的工作室吗？”

听到手冢太过意外的请求，藤本心潮澎湃。

被带到手冢的工作室之后，两人双眼放光，环顾四周，手冢使用的墨水、画笔、稿纸，这里一切的一切在藤本看来都熠熠生辉。

房间的角落里坐着的正是《漫画少年》的编辑，听说他是从东京特意赶来取稿的。当时手冢正在创作人气连载漫画《森林大帝》。

巨型画桌的右边是《漫画少年》的编辑，左边是藤本和安孙子。刚才还笑眯眯的手冢，坐在桌旁后迅速收敛表情，认真地作起画来。“噌——噌——”强有力的笔触声在屋内回响。

随着笔尖在画纸上游走，白狮雷欧和胡子爷爷等让藤本着迷的角色纷纷跃然纸上，活灵活现。“这就是行家的工作啊。”藤本一边呆呆地凝望着，一边感叹道。

过了一会儿，手冢递过来一沓画稿，对他们说：“你俩看一看这些吧。”

手冢的亲笔画稿透出一股同杂志上的印刷图像完全不同的魄力，仿佛传达着手冢的气息。每一根线条都生动有力，角色似乎就要从画纸上一跃而起。

怀着感激涕零之心，藤本拜读着一张张画稿，这时他忽然注意到了什么。

“这是《未来世界》的画稿没错，但好奇怪，我为什么没有见过这个场景呢？”

《未来世界》创作于《遗失的世界》和《大都会》之后，合称手冢治虫的 SF 长篇三部曲。藤本巨细无遗地反复读过好多遍，不应该有看漏的场景。

但眼前的画稿又确实是《未来世界》。

藤本按捺不住好奇，怯生生地向全神贯注创作的手冢询问道：

“老师……这是《未来世界》的画稿吧？我们多次拜读过，但这些是从来没有见过的内容……”

“啊，没错，不过这些都是废稿。”

“废稿？！”

手冢向两人解释道，《未来世界》原本有1000页之多，但篇幅太长，不能用于单行本的发行，最终只好压缩至300页。

“从1000页压缩到了300页！”

藤本由衷地惊叹道。

自己和安孙子几个通宵画出30页的成果就已经心满意足了，而偶像手冢居然轻易地将700页的画稿作废了。

"原来像手冢老师这样的天才也会废弃700多页的画稿啊。"

藤本为得知天才背后不为人知的努力而惊愕不已。

之后，手冢继续目不旁视地专心投入创作之中。两人一直默默注视着他。等回过神来，天色已经完全暗了下来，原计划返程的列车早已发车。

两人郑重地谢绝了手冢邀请留宿的提议，向他告别。他们在大阪站过夜，从夜里聊到第二天傍晚。藤本只顾着回想梦幻般的一天，没有一丝睡意。

在手冢的支持下走上职业漫画家之路

拜访手冢，成了藤本未来发展的一个决定

性事件。

春假结束后，他到当地的糕点厂就职，但几天后，藤本就以伤病为由辞掉了工作。在那个“活到老工作到老”的年代，辞职是一件不得了的大事，但在藤本看来，自己并不适合在公司上班。

更何况，像手冢那样的天才都如此努力，自己作为后辈新人，又怎能不拼命创作呢？虽然未来堪忧，但他实在无法抑制自己内心想走职业漫画家之路的冲动。于是和母亲商量后，他决定以画漫画为生。

从此，藤本以成为漫画家为目标开始了正式的创作活动。同时，他也一直保持着和手冢的联系。

藤本和安孙子曾从高冈前往东京，希望有出版社可以出版他们的漫画。

他们带去的作品是《UTOPIA：最后的世界大战》。这部从中学时代开始积累创作的SF长篇作品是两人的得意之作。然而，没有一家出版社愿意出版。

这时，向失落的两人伸出援手的正是手冢治虫。手冢在藤本和安孙子初次到访他家时，就对两人的才华给出了很高的评价。好胜心强的手冢曾坦言，在看过两人带来的作品后，虽然嘴上只称赞“嗯，画得真是不错”，自己内心还是燃起了一股斗志。

手冢深知少年漫画的发展需要青年才俊的推动，他不遗余力地为藤本和安孙子等年轻一代漫画家开辟道路。

手冢把《UTOPIA：最后的世界大战》推荐给了鹤书房的编辑。最终，该书以足冢不二雄的名义出版，成为他们两人的首部漫画单行本。当时，他们的《四万年漂流》因不受欢迎在漫画杂志上停止连载，现在得知自己的漫画将以单行本的形式问世，他们狂喜不已。

此外，藤本下定决心前往东京，努力成为一名职业漫画家，这也是因为手冢的一句话：“你俩的话，一定行。”

中学毕业后第二年，安孙子从报社辞职，追随藤本上京。得知两人借住在安孙子亲戚家一间狭窄屋子里，手冢再次施以援手。他邀请两人住到自己即将搬离的位于常盘庄的房间。

藤本他们借住在一间只有两张榻榻米（约3.3平方米）大的屋子里，坐在桌前时背紧贴着墙，躺下都困难。这对个儿头高的藤本本就是种折磨，并且当盛夏和安孙子靠在一起作画时，屋里憋闷燥热的空气，实在让人难以专心。最为要紧的是，漫画创作常常会让他们废寝忘食，一处不需要迁就别人的自在环境对他们而言极具吸引力。

然而，刚刚上京的藤本和安孙子囊中羞涩，每月仅能勉强度日，实在无力支付常盘庄高达3万日元的押金。当时新任教师的月薪约6000日元，3万日元着实是一笔巨款。

虽然不舍，但他们还是婉拒了手冢的邀请。未曾想，此时的手冢已经为二人垫付了押金，从房中搬了出来。

就这样，藤本和安孙子于1954年10月住进了手冢搬离的常盘庄14号室，开始了他们为后世津津乐道的在常盘庄共同生活的那段传奇故事。

那年秋天，藤本20岁整。

第四章

常盘庄的伙伴们

常盘庄传奇

东京都丰岛区椎名町五丁目2253号（现为丰岛区南长崎三丁目16–6号），这里坐落着传说中的常盘庄。

常盘庄是一栋建于1952年的两层砖木结构公寓。经正面台阶上楼，楼口是公共厨房和厕所。走廊两侧有10间四张半榻榻米（约7.3平方米）大的房间。

藤子和安孙子从20岁到27岁这长达7年的时间里，共同在常盘庄生活。两人的房间是楼梯口的14号室。手冢治虫曾在这里居住。

在藤本和安孙子搬来常盘庄的时候，14号

室的对面也住着一位漫画家，他是寺田博雄。

年长他们2岁的寺田博雄是《漫画少年》读者投稿栏目的“常客”，也是他们歆羡的对象。寺田博雄以职业漫画家的身份在《漫画少年》等刊物上发表作品，并从新潟上京来到了常盘庄。

后来，寺田创作了诸如《背号0》《运动健儿金太郎》等体育漫画。但他的作品并不注重体育对决，而是通过体育运动的描绘参与其间人物的成长，是积极、阳光又饱含温情的儿童漫画。

寺田尤其追求漫画内容的健康向上，但在往后的岁月里，极具视觉冲击力的暴力场景以及怪诞的表现方式开始抬头，寺田感到现实与自己“让孩子们读到优质漫画”的愿景之间的鸿沟越来越大，最终他因对漫画界感到失望而封笔。但此时的他还是一位在漫画创作道路上奋勇向前的青年。

寺田为人诚实高洁，正如他的漫画风格那样。

他对与自己同样立志走上漫画之路而上京的藤本和安孙子就像弟弟一样百般疼爱。身为独子的藤本不仅要适应陌生的东京生活，还要摸索如何以职业漫画家的身份生存，这时寺田的帮助显得尤为宝贵。

藤本从寺田那里学到了很多，包括职业漫画家应有的姿态以及生活上的建议。如果说，手冢治虫对藤本而言是高高在上的“神”，那么寺田便是他的“兄长”。他们称呼认真善良又细心的寺田为“寺兄”，以表达对他的敬仰之情。

在手冢搬离常盘庄时，强烈建议藤本二人入住的也是寺田。当时寺田因病短暂返回老家新潟疗养，但出于担心，还是给不熟悉这里的二人寄了一封书信，详细讲解了搬家的注意事项。

……由手冢先生垫付的3万日元押金，如果拜托他一下的话，他应当不会催还。入住之后3到6个月之内还清如何？

如果届时实在无力偿还，小生愿助一臂之力……

揣测他人的收入实属欠妥之举，但我想以两位仁兄目前的工作量，应当可以应付生活上的开销。

像我如此散漫之人，每月的伙食费大概在四五千日元左右，两个人的话……理应不及两倍，预留6000日元左右即可。

此外，每月的房租是3000日元。

电费、水费和煤气费500日元左右。

其他诸如报刊费等花销500日元左右。

即便不吃不喝，上述这4000日元也是必需的开销。

伙食费、交通费及其他费用，这些均需从挣得的稿费中支出。

赘述之处敬请见谅，考虑到两位可能会在我未返京期间乔迁，故特书此信以供参考……

（《爱……懵懂时节……》第三卷，小学馆）

寺田的信中还提及了搬家费用、做饭所需的厨房用具、住民登记手续的办理以及在搬家后如何去问候公寓里的邻居等，建议详尽，满满当当写了三大页。

就这样，藤本和安孙子在寺田的指引下顺利喜迁新居，开始了他们在常盘庄的新生活。

漫画家们的共同生活

之后，每当常盘庄有空出来的房间，就会有年轻漫画家搬进来。这也是由于寺田热切希望能将这里变成一处新人漫画家共同生活的场所，大家一起切磋，共同繁荣漫画界。于是每当发现有才能的新人漫画家，他就会邀请对方入住常盘庄。

当然，为了能够共同和谐生活，大家应当是相互认可、彼此激励的积极关系。

因此，在邀请新人入住之前，常盘庄的住户会事先讨论，看此人是否有创作优质漫画的强烈意愿、是否有协作精神以及是否具有作为职业漫画家最基本的能力，然后再决定是否接纳他加入。

在这样的考核条件下，常盘庄又相继住入石森章太郎、赤冢不二夫、铃木伸一等人。常盘庄也渐渐被称为“漫画庄”。事实上，这里著名漫画家辈出，对于立志成为漫画家的有志青年们而言，常盘庄到现在都是一栋传奇公寓。

这栋“漫画庄”不知从何时起在出版社的编辑之间也有了口碑，每当其他漫画家到期交不上稿时，编辑就会慌慌张张地赶来常盘庄。

“有谁能在明天之前补上 8 页！”

编辑在走廊里一喊，就会有几个人自告奋勇地开门应承。

“好！那就你吧！明天一早我来取稿，拜托啦！”

交代好工作后，编辑旋即返回出版社。

这样的场景在常盘庄里并不稀奇。能够补全空缺的画稿，对于出版社是件好事，而对于接到任务的新人漫画家而言，即便只是做补缺，也是一个推销自己作品的大好机会。出版社和新人漫画家的利害关系在这里出人意料地实现了和谐统一。

少年漫画的繁荣期

这段时间里，少年漫画实现了快速发展。“二战”结束前后，日本掀起了读书热潮，同时市面上也出现了租书屋。廉价出租小说、漫画、杂志等书籍的租书屋在战后数量激增。20 世纪 40 年代末，漫画更是刊行了租书屋专用版本，《墓地鬼太郎》(后改名为《咯咯咯的鬼太郎》)就是在当时应运而生的。

从战后复兴期到日本经济高增长期，普通百姓的生活变得富足起来，少年们每月的零花钱承担得起的漫画杂志不断问世。漫画杂志竞争十分激烈，都想凭借越来越豪华的玩具赠品吸引读者购买。

1954年，当时的运输省[1]规定，以木材、金属、布料等原材料制作的玩具赠品将适用新的运费规则。因此，出版社开始将玩具赠品改为漫画别册，竞争仍在继续。夸张的时候，甚至出现了一本正册附带8本60多页别册的情形。由此也出现了漫画杂志争夺人气漫画家的情况，同时年轻漫画家发表作品的机会也多了起来。

藤本和安孙子上京不足一年，尚是新人漫画家，但邀约依旧接踵而至：《漫画少年》《少年俱乐部》《我们》《幼年俱乐部》《少女俱乐部》《漫画王》……两人感觉自己要火了。

“太厉害了。委托我们的有4页的短篇，还有64页的别册。”

“哎呀，这样得好好计划一下才行！”

---

1 日本管辖国家陆海空运输的中央行政部门，2001年之后整改为国土交通省，地位相当于我国的交通部。——译者注

迅速排好计划后，两人发现居然有 100 多页的画稿等着他们创作。一个月前还在看着存折叹息，如今却有如此大的工作量，真是不可思议。

从那天起，他们开始夜以继日工作，拼命创作漫画。《水泥密林》《狮子与幼鹿》《沙漠獠牙》《海底人麦巴鲁》《玫瑰和戒指》《橡果君》等，相继诞生。但工作量太大，就算每天不吃不喝也无法按时完成，所以必须进一步提高效率。

于是藤本向安孙子提议，与其两人合作一部作品，不如分头创作不同作品。而所有由他们创作的漫画均以“藤子不二雄”的名义发表。

常盘庄里的欢乐时光

常盘庄见证了他们和战友共同度过的青春

岁月。在寺田的建议下，藤本和安孙子准备了一套锅碗瓢盆，开始了人生中首次自炊。

说是做饭，但两人都是料理新手，根本做不出什么花样来。味噌汤配米饭，仅此而已。可即便如此，藤本还是会一天不落地清晨6点起床做早餐。

第一次煮饭的时候，藤本不知道如何操作，于是搬出百科辞典救急。好在百科辞典里确实有焖米饭一条，他就严格按照上面所写，配好米饭和水的比例，单手拿着闹钟计时，居然煮出了美味的米饭。

吃完早饭稍事工作，肚子又该饿了。这时他就会起身去散步，顺道买回面包。拐过常盘庄对面的落合电话局，沿着目白路走上一会儿，就能看到目的地——“片山菊香堂”面包店。

常盘庄的伙伴们都爱吃这里的纺锤面包和法式面包。面包可以单手举着吃，不用放下画笔。寺田还发明了一种“法式面包片夹炸肉饼”的吃法，既轻便又解馋，很受大家的青睐。

当时，电话还没有在一般家庭中普及，常盘庄对面的落合电话局就成了极其重要的地方。情况紧急时，他们会收到出版社发来的电报，这时就需要到对面给编辑回电话。忽见一人行色匆匆地从常盘庄冲进电话局，是这里的日常景象。

此外，藤本和伙伴们经常光顾的店还有常盘庄背后的中华料理店“松叶”。肚子稍饿又刚好得空时，他们一定会来“松叶”吃上一碗拉面。深夜出来摆摊的夜鸣荞麦面同样很受欢迎。总之，面类通常是他们的盘中餐。

午夜3点，窗外传来拉面摊的唢呐声，我即刻冲了出去。石森氏和赤冢氏也陆续赶来。拉面美味，心情绝佳。

（《常盘庄青春日记》，光文社）

这是1957年12月7日安孙子的日记。

翌年，日本发明了泡面。只需浇入开水即可轻松吃上拉面的设计使它在常盘庄十分盛行。后来，由藤子不二雄创作的《小鬼Q太郎》中有一位总在吃拉面的小池桑，他演绎的就是常盘庄的日常。

寺田的好意

同代人一起生活的每一天都充实而快乐，但同时他们也面临着经济上的压力。

漫画热潮为他们增加了创作机会，但别册约稿是不定期的。也许这个月会有大笔收入，但下个月可能颗粒无收。

因此，藤本决定用账本记录收入和开销。回顾他的账本，上面每天都是“电影票 1500 日元，唱片花了 2100 日元啊”之类的吐槽。爱好社交的安孙子经常外出寻乐，而藤本几乎不与人来往，很少出门饮酒。

虽说现在的收入可以勉强过活，但看不上电影是很痛苦的事。每人每月 1 万日元的生活费不得不让他们放弃电影和音乐，这实在太过凄惨了。有时纠结良久，两人还是揣着仅有的一点点钱前往电影院，将月收入的十分之一花在那里。

毕竟，一场电影可能会为他们的漫画创作带来灵感，同时也是十分必要的心情调节剂。所以他们决定，无论生活多么艰难，都不会放弃观影和阅读。

无论如何节省，钱还是有不够花的时候。

这时给予他们支持的，还是寺田。

“这个月的房租可怎么办啊……”就在藤本和安孙子暗自伤怀之时，寺田已经察觉到他们的困苦。他佯装无事地来到两人的房间对他们说，自己有一笔暂时用不上的钱，可以借给他们。藤本和安孙子不知有多少次在寺田的帮助下转危为安。

好心的寺田同样会向其他人施以援手。赤冢不二夫算是常盘庄里大器晚成的一个。一次，山穷水尽的他决心弃行。就在这时，寺田拿出一笔 6 万日元的巨款对他说：“把钱花光之前给我留在常盘庄里继续画！”

一直给人气漫画家石森章太郎当助手的他历经艰难后终于修成正果，先后推出《阿松》《天才傻瓜》《神秘阿克》等搞笑漫画，成了国民人气漫画家。

寺田的好意成就了赤冢，很久之后常盘庄

的伙伴们仍对他心怀感激。他们笑称其为“寺田银行”，正因为他的支持，那些经历蛰伏期的新人终得一鸣惊人。

结成“新漫画党”

藤本两人接受着来自不同杂志的约稿，其中和他们交情最深的当属《漫画少年》。

当时的《漫画少年》与其说是公司，其实更像一家漫画俱乐部。藤本和安孙子经常出入其间，在那里创作插画或漫画。编辑室里的稿件堆积如山，似乎一个喷嚏就能造成“雪崩”。但即便如此大的工作量，只要藤本他们一出现，总会有人来嘘寒问暖：“吃饭了吗？”如果没有，便会端来猪排饭或鳗鱼饭。

《漫画少年》的总编加藤谦一十分看重藤本

及其他新人漫画家，一有空栏就会请他们创作故事来填补，也愿意为由“新漫画党”联手绘制的漫画留出空间。

新漫画党以常盘庄住户为核心，成员包括寺田博雄、藤本弘、安孙子素雄、石森章太郎、赤冢不二夫、铃木伸一、角田次朗、森安直哉、园山俊二等。

漫画家石森章太郎因作品《人造人 009》及《假面骑士》为世人所知。石森在常盘庄的伙伴们中年纪最小，但天赋卓越的他在那个时期迅速崭露头角，擅长领域从 SF 漫画到学术漫画，跨度极大，粉丝众多。

石森的杰出才能不仅体现在其涉足领域跨度之大，他的创作速度亦力压群雄。藤本和安孙子两人用尽全力一天大概可以画五六页，而石森一人就可以担负 15 页，甚至 20 页的工作量。每当被截稿日压得喘不过气时，藤本他们总会感叹：“要是能有石森的手速就好了……”

因对偶像石森心生仰慕而来到常盘庄的赤冢不二夫，在常盘庄期间一直不得志，生活艰辛。

有一次，收到作品邀约的石森提议“不妨让赤冢试试如何”，于是赤冢得以发表他筹划已久的搞笑漫画。就这样，经受住严冬考验的赤冢一举成名，甚至后来被誉为“战后搞笑漫画王”。

石森和赤冢这对搭档有许多男儿郎之间的逸闻。其中最有名的一个，是他们曾用公共厨房的水池囤水冲凉。

昵称为“风酱”的铃木伸一后来搬出常盘庄，进入动画行业，成了一名动画师。他正是藤子不二雄的《小鬼 Q 太郎》中大爱拉面的“小池桑”的原型。

小池桑是一个戴着眼镜、留着一头自然卷

头发、总在漫画里吃拉面的中年男子。原本他只是一个路人角色，但后来开始聚集人气，作者藤本也觉得有趣，于是开始频频让他客串出场。

小池桑不仅出现在《小鬼Q太郎》中，在《小超人帕门》和《哆啦A梦》里也有登场。他甚至还在石森和赤冢的作品中现身，是个颇具人气的角色。

沉着冷静寡言

广聚英雄豪杰的新漫画党，每次开会都宣称要众人一起“畅谈理想中的漫画”，但十有八九是以聊电影、讲笑话的闲谈会收尾。

聚会一般在寺田的屋子里举行。清炒卷心菜、金枪鱼片，一杯寺田发明的烧酒兑果味苏打水的“烧打酒”，是每次的固定搭配。热火朝天的闲聊一直持续到深夜。

有一天，常盘庄里寄来了一式手书卷轴，寄出人正是角田次朗。因出版《留美酱教室》《恐怖新闻》以及《黑团》而知名的角田次朗原本住在东京的家中，后因频繁出入常盘庄而成为新漫画党的一员。

他因倾心于新漫画党成员们的高远志向而加入其中，结果却发现团体内部会议和一般酒宴并无二致。于是情绪激昂的他寄来了这封质问状。信中写道：“常盘庄的诸位一直在围绕电影和小说闲谈，实在堕落不堪。难道不应该多讨论一些与漫画相关的话题吗？”

面对角田气势汹汹的来信，大家束手无策。商议过后，他们推举藤本来回信。

角田的抗议文是用毛笔写在卷轴上的，郑重其事之意可想而知。但如若正面交锋，势必会火上浇油。深思熟虑之后，藤本决定以宫本武藏与吉野太夫的故事设喻。[2]他答复道："漫画家也并非就要常把'漫画'挂在嘴边。漫画可以独自研习，而和大家一同探讨的广泛话题往后也可以运用到漫画创作之中。"

选择如此答复，也许是藤本想要首先宽慰气血攻心的角田的考虑吧。角田后来曾提及，当时自己有些钻牛角尖，但读过这封回信后便释然了。

藤本就是这样一个平日里沉默寡言，但面对任何情况都能纵观全局、沉着冷静应对的人。

因此，他也深得伙伴们的信赖，经常是作出关键抉择的那个人。不过，他本人的确不善与人往来，所以藤子不二雄的"外交关系"都是靠安孙子来维护的。

2　在吉川英治的小说《宫本武藏》中，宫本武藏因故藏身于初代吉野太夫的住所。面对一直处于紧张防备状态的宫本武藏，吉野太夫在其面前斩断琵琶，剖析了"人生如弦，一直紧绷的弦无法奏出美妙音乐"的道理。——译者注

关于这一点，1980 年刊行的《两人只顾一门心思创作少年漫画》（问卷文库）中有详细记述。藤本在其中写道：

藤子不二雄有两个人。一个叫安孙子，另一个是我，藤本。我寡默少言；安孙子更为健谈——这样的措辞可能有些失礼，应该说，他性格擅于社交，具有奉献精神，是个十分值得依赖的人。

……如果说，藤子不二雄是由两个人组成的有机整体，那么安孙子就是藤子不二雄的眼和耳，并尤其承担了“口”的功能。……本书每章章首语和正文的字数比例，大概就是我们两人平时发言的比例。

这本书的正文由安孙子写作，每章章首语则由藤本执笔。他这个充满幽默感的比喻其实恰恰反映了两人的性格特点。

事实上，藤本平时十分安静，几乎不会走出房间，就连上厕所也会先确认走廊里没人再出去。和编辑的沟通完全交给安孙子，自己逃出去散步。有时他的举动甚至会让你不禁感叹："能画出如此有趣漫画的人怎么是这样的！"

"安静沉稳"，是常盘庄住户们对藤本的一致评价。

成立动画公司

7 年后，藤本搬出了常盘庄。他和昔日伙伴们也一直保持着联系。偶尔大家会重聚首，像往日那般畅谈，也会参加彼此的婚礼，成为伙伴重要人生时刻的见证人。藤本在 28 岁时迎娶了同乡石本正子为妻。虽说未到而立之年，但身为漫画家的他已然成为漫画界的中流砥柱。

之后，常盘庄的伙伴们逐渐在各自擅长的漫画领域开枝散叶。虽说工作繁忙，很难再像以前那样有大块时间待在一起，但共同经历了青春时代的友人终归不同。

1963 年，早一步搬离常盘庄在动画界发展的铃木伸一开始独自创业，昔日伙伴们再次聚首。这次目的是为了创办动画制作公司零工作室（Studio ZERO）。

藤本从少年时代起便一心想成为漫画家，但自那次在高冈电影院看过迪士尼动画以后，他对动画的憧憬之情未曾断绝。

不仅是藤本，安孙子、石森、赤冢他们也同样如此。就连被他们当作“神”的手冢也在少年时代看过几十遍迪士尼动画，正是那份未曾舍弃的动画梦，促使他将自己的漫画作品

《铁臂阿童木》改编成了动画。

零工作室由铃木伸一、藤本弘、安孙子素雄、石森章太郎、角田次朗、角田喜代一（角田次朗的兄长）以及后来加入的赤冢不二夫共同创办。

“社长谁来当啊？”

“太麻烦了。”

“是挺麻烦的。那我们轮流上吧。”

仿佛“过家家”一般，共同创办公司后，社长采取两年轮流就任制，就任顺序由抽签决定。初任社长是铃木伸一，藤本是第三任社长。

梦想中的公司总算成立了。但动画制作费时费力，社员一度有80人之多。为了养活员工、维持运营，公司这些创始人不仅拿不到一分钱，每月还得自掏腰包筹措经费。零工作室完全是在用漫画的收入来支持动画制作。

有一天，零工作室接到了一个大活儿，是

来自手冢大师的委托。他希望自己的作品《铁臂阿童木之泥沼怪人》由他们改编为动画。因为是重要委托，又是手冢大师的作品，全员意气风发地参与了制作。

然而，藤本他们是专业漫画家，并非动画师，各自制作的阿童木无论是长相还是身材都参差不齐。完成后的作品没有统一性可言，甚至可以分辨出哪个场景的阿童木是由谁执笔的。

唯有铃木制作的阿童木忠实地还原了角色设定。看到他的成果，全员不禁赞叹："真是好手笔啊！"他们深刻体味到专业漫画家和动画师之间隔行如隔山的差异。

可以想象，最终制作出来的成品效果糟糕至极。在"虫制作公司"出席试映的铃木感觉那 30 分钟仿佛一个世纪一般漫长。从那之后，手冢大师再没有委托过他们。零工作室又一次陷入零收入的窘境。

面对如此情形，藤本决定在零工作室内部成立杂志部，通过干他们的老本行积累资金。

这一杂志部制作的作品正是《小鬼Q太郎》。藤子不二雄的出世之作就此诞生了。

第五章

行家的洗礼

《小鬼 Q 太郎》的诞生

1964 年，日本东京第一次举办奥运会。同年,《小鬼 Q 太郎》开始创作。创作始于藤子不二雄接到的一次连载邀约。

邀约来自杂志《周刊少年 Sunday》。编辑受当时热播的美国动画片《鬼马小精灵》的启发，听说藤本对妖怪感兴趣，于是前来委托“是否可以创作一部以鬼怪为主人公的搞笑漫画”。

零工作室的经营状况依旧惨淡。经藤本提议创设的杂志部通过漫画创收，勉强维持着公司的收支平衡。

当时，藤本已经以藤子不二雄的名义创作了许多连载作品，以此为资本，在《周刊少年Sunday》前来约稿时，他当即提出“是否可以由零工作室接下这份工作”。这不仅是考虑到自己和安孙子时间精力有限，更是为了让公司的伙伴们加入，让公司创收。

连载的任务已接受，但核心想法还未确定。为了发预告，作品名和主人公形象需要敲定。他们大致决定以“小鬼○太郎”为书名，但再往深想，总是找不到一个合适的字眼。

“小鬼姜太郎，小鬼三太郎……嗯……都太普通了。”

思路卡壳的藤本决定出门散步。藤本有个习惯，深入思考时总是会钻进壁橱或在原地走来走去，其间冒出来的点子就会被记录在随身携带的笔记本中，用于漫画创作。

这一天，他来到住所附近散步，信步走进

一家书店，随手翻了翻映入眼帘的一本书。忽然，文字“Q”闯入了他的视线。这个带有一丝幽默感和奇妙感的“Q”，刚好和漫画的氛围相契合！

“就是它！小鬼Q太郎！”

突然来了灵感的藤本迅速回到安孙子那里，向他讲述了自己关于《小鬼Q太郎》的创作构思。

“无意闯入人类世界的小鬼和一个人类男孩一起制造出许多闹剧。Q太郎的好朋友，那个小男孩的名字就叫……叫他‘小正’吧！这里借用一下石森章太郎的名字！”

小正的哥哥则借用了铃木伸一的“伸”字被唤作“小伸”。就这样，小鬼Q太郎的主要人物设定完成了。

第一回连载的故事情节是藤本在通勤电车里想出来的。角色形象以企鹅为雏形。藤本负责画Q太郎，安孙子负责小正，孩子王哥吉拉等配角由石森绘制。就这样，《小鬼Q太郎》的第一次合作创作完成了。

意外的大热门

然而，《小鬼Q太郎》的连载仅仅9回便完结了。《周刊少年Sunday》的编辑把原本7回就准备终结的漫画勉强延长至9回，听说作品没有任何读者反馈，藤本很失落。

在行家的严酷世界里，即便是像手冢治虫那样的大明星，不受读者欢迎的作品也只能被腰斩。

“没人气也没辙啊！”

不过，编辑对他说了下面这番话：

“奇怪的是，老师您的作品虽然没有读者

反馈有趣，但同样也没有人说无聊。这种完全无评价的情况实属罕见，我也是第一次遇到。”

依藤本的经验，这的确很少见。读者的反应很诚实，多数情况下，好看不好看，不同观点一目了然。漫画家也可以借此判断如今的读者希望读到怎样的内容。

直到刊登漫画最终回的杂志发售的那天。《周刊少年 Sunday》的编辑部接到了一通电话。

“《小鬼 Q 太郎》那么有趣，为什么要完结啊？”

电话那头的读者希望知道连载结束的原因。编辑哑然。紧接着，他们接连不断地收到电话和明信片。

为什么要完结？什么时候重新连载？所有的询问都是同一目的：大家希望能继续读到《小鬼 Q 太郎》。

听到这一消息，藤本惊呆了。作为职业漫

画家这么多年，他头一次碰到这样的事情。

为了回应预料之外的读者反馈，《小鬼 Q 太郎》决定再次连载。

并且这次不仅是《周刊少年 Sunday》，还有《幼稚园》以及从《小学一年生》到《小学六年生》7 本杂志共同连载。

完全意料之外的人气让藤本和安孙子难掩惊讶，首次爆出大热门也令两人狂喜不已。从高冈上京整 10 年，两人一直以职业漫画家的身份创作，却始终没有可称得上代表作的作品。在两人的内心深处，一直都渴望着出现一部人气之作。

“大家都在说‘继续更新，继续更新’，于是我们就来啦！”

以这样的预告文案再次进入人们视线的《小鬼 Q 太郎》，不久后被改编成动画，开始在电视上播放。

藤子不二雄的首部动画片作品《小鬼Q太郎》初回收视率高达30%，人气爆棚。收视率甚至可以和当时正在同步播放的手冢治虫的《铁臂阿童木》相匹敌。

动画在电视上开播后，市面上出现了许多《小鬼Q太郎》的周边产品，有玩具、点心、服装以及文具，数量竟有几百种。同名动画片主题曲斩获日本唱片大奖童谣奖。在电视台赞助商的赞助下，藤本和安孙子带着他们的小粉丝们一同去了非洲肯尼亚，伴着音乐起舞。"《小鬼Q太郎》热"已经形成一种社会现象。

国民热门动漫《小鬼Q太郎》的创作，让藤子不二雄一举跻身明星漫画家之列。那个时候的藤本，刚刚步入而立之年。

空白的一年

创作出热销作品，漫画家之路看似一帆风顺，其实藤本和安孙子也曾经历鲜为人知的一年空窗期。

那时藤本 20 岁，刚刚搬进常盘庄。

那个时候，少年漫画界的内部竞争愈演愈烈。新的杂志和别册不断出现，新人漫画家也接连出道。

因此，上京不足半年的藤本二人也接到了许多工作，平日十分忙碌。

刚刚接下《少年俱乐部》的 8 页委托，很快又收到《漫画绘本》的委托，接着是《我们》《漫画王》《漫画少年》。一份工作刚接手，另一份又来了。

接到工作邀约，是对他们漫画创作能力的

一种肯定。喜出望外的两人想也不想便满口应允：“我们接！”眼看着可能赶不及，但委托偏偏来自从少年时代就一直拜读的《少年俱乐部》，没有理由拒绝。而《漫画绘本》也答应他们会制作成彩页……

对藤本他们而言，每一份邀约都具有无限魅力。而且最关键的是，他们认为，作为新人，理应对工作来者不拒。觉得机不可失的藤本和安孙子将前来询问的工作全盘接下了。

编辑离开后，他们把任务制作成计划表时才发现，虽然已有预感，但他们根本无法按时完成浩大的工作量。“完蛋了。”心慌意乱的两人在纸上列出一天的工作量，开始按计划一心一意进行创作。

然而，原本十分紧迫的计划里总会有插曲。一会儿有访客，一会儿因为草稿不过关被要求返工，甚至连手冢都在这个时候联系他们帮忙。

计划根本无法顺利推进。

被逼无奈的藤本两人，只能更加埋头苦干。“噌——噌——”房间里回荡着笔尖和稿纸的摩擦声。直到深夜，房间里依旧灯火通明。

当时，常盘庄的电费是大家均摊的。藤本和安孙子觉得过意不去，于是把门上的玻璃窗用黑布遮挡，避免有光亮透出户外，就这样熬到深夜。

“无论如何今天也要完成到这里。”

“是啊，如果拖延，往后就麻烦了。”

如果没有按计划推进，他们就会更聚精会神地创作，以弥补之前落下的工作。

桌子旁边，准备着食物和水。食物都是面包、炸肉饼、叉烧等不用筷子就能吃的东西。他们有时会单手喝水进食，握着画笔的右手从来没有休息过。除了上厕所，片刻不停歇，就这样不眠不休地画了两天三晚。

70多个小时连轴转的两人看桌上的画稿都是重影。即便如此，藤本还是忍着内急，“再画四格……再画四格……”，把自己逼到了极限。

但无论如何逼自己，人都无法战胜睡魔。“如果谁犯困了，就用笔戳一下。”他和安孙子商量好对策，想拼命击败睡魔，原本计划小憩半小时，结果根本听不到闹铃声，一觉睡到了第二天清晨。

后悔夹杂着延迟带来的焦躁，笔速变得越来越慢。

藤本觉得这样下去不是办法，于是想出了一条计策：他把闹钟装进一个盒子里，又把盒子放在柜顶上。这样一来，闹钟响时必须先爬上柜顶，再打开盒子才能关掉闹钟。这么一折腾，估计睡意也就没了。

他想尝试一下这个自觉高明的办法，于是

准备小憩片刻。结果等他再睁开眼，东方已白。已经有多少天没有躺在床上休息一下了啊……可怎么画也画不完。

时隔半年归乡

这样不吃不喝、不眠不休的生活过了 3 个多月。画稿委托还是接连不断到来，当初一跃成为人气漫画家时的那份欣喜已经变得遥远而模糊。

“我说——咱们正月里要不要回趟高冈？”

藤本停下手中的画笔，突然说道。

“是啊，好久没有吃母亲做的饭了。好想回去一趟啊。”

上京以来奋勇直前、不知疲倦的藤本，最近一直惦念着回趟老家，养精蓄锐。毕竟身体已经开始发出悲鸣。

“好！既然决定了，不如我们现在就出发！”

虽说假期一过有很多工作要提交，但好在漫画创作只需纸笔，随时随地都能进行。于是两人决定带着任务回高冈过年。

1954 年 12 月 30 日，就像当初从高冈上京那样，藤本在站台上等待着返程的夜间列车。

“才刚半年不到啊。”

“是呀。真是时光匆匆。”

距从高冈上京的那一天仿佛已经很遥远了。曾怀着期待和不安眺望的窗外风景如今已完全是另一番景象。事业起步的顺利程度超出预料，怀着一份荣耀，藤本在驶向高冈的列车上睡着了。

“我回来了。”

时隔半年重归故里，故乡景色一如往昔，

只是很久没有和来车站迎接他的母亲在一起了。

回到家中，藤本把这半年在东京的经历一件一件讲给母亲听。母亲就那么默默倾听着，偶尔会附和一句“是吗”，同时把给藤本做好的饭菜端上桌。

“我一定要更努力，早日让母亲搬来东京一起生活。”

一边品尝着久违的家常菜，藤本一边思忖着。父亲过世后，母亲把自己抚养大，就连当时提出想成为漫画家那么冒失的决定，母亲也全力支持自己，没有一丝怨言。藤本从编辑催稿的压力中解放了出来，那天晚上，他终于沉沉睡去。

第二天睁开眼睛的藤本还是雨里雾里。自己究竟睡了多久？感觉已经过去很久了，可身体还是又困又乏。

虽然脑子里还惦记着带回来的工作，但他

还是想轻轻松松地度过这一天。“不要紧吧，毕竟大正月的。”他在家附近散步，吃着久违的美味饭菜，和母亲闲聊。不知不觉间，眼皮又变得沉重起来，藤本再次陷入昏睡之中，好像是要把几个月缺的觉一口气补回来。

一天又一天，藤本一直在睡觉，完全无心工作。回到故乡后，紧绷的神经似乎一下子松弛了。

有时想在桌前召唤灵感，但等到回过神来，自己又在犯困，完全无法集中精力。就这样拖拖拉拉，日子一天天过去。他一直没有动笔，截稿日越来越近。

1 月 4 日，时间已经刻不容缓。明天就要提交《二年 BOOK》的连载作品《夜王子》的原稿，还有《好朋友》的别册《世界名著漫画——啊……无情》；安孙子那边还有《三年 BOOK》《漫画王》《少年》等数十页稿子要交。

焦虑又没有丝毫想法，在这个节骨眼上，藤本再次睡着了。

这时，安孙子赶来了。

“你那边进展如何？”

“丝毫没有进展。”

“我也是，想干也干不成。”

两人在数月的重压下早已疲惫不堪。“这样下去可不成。关键是这种状态下画不出好作品。”不久前，人气极高的漫画家、《伊贺谷栗助》的作者福井英一因过劳猝死，对此他们记忆犹新。感觉到危机的藤本和安孙子商量，往后还是按照自己的节奏来吧。

但前提是必须先把手头的工作处理完。安孙子提议：“要不明天回常盘庄？”但藤本说：“回东京还要花时间在路上。我们就留在高冈把工作做完吧。明天正月假期结束就要正式开工了，我们也调整心情再接再厉吧！”

赶稿

虽说夸下海口，但手头的活儿依旧毫无进展。一旦松懈，状态很难即刻调整过来。他们似乎已经不记得怎么画漫画了。就在这时，一封电报传来：

“快送稿来　二年 BOOK”。

该来的终究还是来了。截稿日已过，接到催促也是自然。藤本正不知如何是好，又接二连三收到来自《三年 BOOK》《漫画王》等杂志的催稿电报和快递——他们闯祸了。

他和安孙子约定要尽全力扭转局面，于是藤本开始从截稿日最早的开始处理。他鼓励自己无论如何要补上，却完全画不出内容，只顾叹气。他十分懊悔这些天为何要无所事事，旁边投来母亲担忧的目光。

催促的电报依旧接踵而至。“明天务必提

交稿件　排版会空　二年 BOOK”“图鉴方案发我”。要刊登在《漫画少年》上的图鉴是新漫画党的合作漫画，发来电报的是寺田博雄。

“闯大祸了。”

然而，稿纸依旧空白。

1 月 15 日，藤本总算拼命把《好朋友》别册《啊……无情》的封面画好了。《啊……无情》是部大作，无论如何努力，也需要数日才能画成，于是他只能把封面寄了过去。

然而，好不容易画成的封面寄出后不久，安孙子便联系他说收到电报回复了。赶去一看，电报上写着：“等不及回复　已委托别人　好朋友”。

“终究还是没来得及啊……”

藤本面色铁青，沉默不语。然而，电报依旧穷追不舍。学习研究社：“一年二年 BOOK

切切”。《漫画王》:“不能停载　18日清晨前务必返稿　拜托”。寺田:“特辑图鉴　来不及了　快发给寺田”。之后也不断有新的电报传来。

藤本和安孙子坐在桌前拼命赶稿，画好后即刻快递寄出。但每一份都有延误且内容也不够完整。藤本快要崩溃了，他感觉这十天像是在地狱里度过的一般。

天堂到地狱

1月21日，连日里呈索命之势涌来的电报忽然悄无声息。藤本和安孙子完全把稿子落下了。

他们没有来得及补稿的有《好朋友》《一年BOOK》《我们》《少年》《少女》几家。拜托延期才总算赶上的仅有三家。

在寺田寄来的快递里，他说：

“常盘庄轮流有编辑前来追问‘藤子到底什么时候回来’，我们很为难。定了什么时候回来，把具体日期告诉我。《我们》的缺口已经替你补上了。”

“了不得了。”

“漫画家这条路我们已经走到尽头了吧。”

“那是肯定的啊。就连工作量浩大的手冢老师也不会这样干的。”

两人直到此刻才意识到他们犯下了致命错误，根源就是自不量力，对工作来者不拒。

距离成为职业漫画家还相去甚远。此时的藤本追悔莫及，但为时已晚。是自己亲手封死了前路，酿成了不可挽回的大祸。

藤本和安孙子步履沉重地走向久违的“二山”，那里曾是两人一同畅想漫画之梦的充满回忆的地方。

距离踌躇满志地上京还不到一年，藤本和安孙子便从天堂转眼间堕入地狱。

“今后该怎么办啊。”

“不会再有人让我们画了吧。”

“是啊。可就这么待在高冈也不是办法。”

讨论的结果是先由藤本一人回京去探探风声。就算藤子不二雄已到了穷途末路的地步，也必须向曾因信任给过自己机会的编辑们道歉，而且这次也给百般照顾他们的寺田添了很大麻烦。这次回京，藤本的心情无比沉重，如坠千斤巨石，但也只能算自食恶果。

失去了全部工作

回到东京的藤本久久伫立在常盘庄门前。

编辑们不会再来了吧？寺田还在生气吗？他畏畏缩缩地上了楼，准备打开14号房间的房门，才发现回来时太过匆忙，竟忘了问安孙子要门钥匙。

“啊呀呀……这可如何是好。”不知所措的藤本大大地叹了口气，最终决定去敲寺田的房门。

“是你啊。”

“给您添麻烦了！”

寺田原谅了深深鞠躬的藤本，对他说：“这次发生之事，在我这个旁观者看来实在不成体统。”他反复强调道：“现在还不算晚，快给每家违约的出版社致电赔罪吧。”面对寺田的苦心忠告，藤本的心中满是歉疚和感激之情。

那晚，藤本在常盘庄对面落合电话局前的长凳上过了一夜。彻骨寒冷浸透疲惫的身体，藤本欲哭无泪。

他痛感丢失工作的恐慌，今后将如何？会有重新再来的那一天吗？藤本全无头绪，满心悔恨。

第二天，他按照寺田的叮嘱，决定给各家出版社致电。面对着电话机，他满脸悲怆，就像即将走上战场的将士。现在能做的只剩下真诚致歉了。藤本深吸一口气，给《少女》《漫画王》《我们》等杂志的各位总编拨去了电话。

结果不出所料。

总编们对他劈头盖脸一番痛斥。尤其是完全没来得及送去稿件的《我们》的总编忠告他道：“抱持这样不负责的态度，你们的路只会越走越窄。”

总编所言极是。这一次，他们不仅为难了编辑，也给排版印刷人员带来了不必要的麻烦。最关键的是，这样的做法背叛了满心欢喜期待更新的读者，实在罪责重大。

藤本还收到了发表在《我们》上的连载作品《海底人麦巴鲁》将在下期完结的通知。总编说，半途而废是对读者的不负责任，所以决定下期更新最终回，说完他便挂了电话。

藤本丢掉了所有工作，留给他的只有《海底人麦巴鲁》的最终回更新，想来实在讽刺。

漫画界的放逐令

把工作丢了个一干二净的藤本第二天给还在高冈的安孙子去了一封信。

何日过来，还请告知。再次重申，暴风雨已经过去。虽不算碧空万里，但已尘埃落定。

（《常盘庄青春日记》，光文社）

新人漫画家出了大洋相，但逃回高冈也不是办法。能攥在手里的只有漫画，必须找到能在东京继续生活下去的其他法子。藤本独自在常盘庄的房间里暗下决心。

在那之后，藤本和安孙子有一年时间没有接到任何工作。他们重新把作品带到各家出版社毛遂自荐，但没有一家愿意搭理。

“新人藤子不二雄不靠谱”“还是不要把工作交给藤子不二雄为好”，这样的消息传遍了漫画杂志的编辑圈。两人被漫画界彻底放逐了。

漫画家这一职业，一旦栽了跟头便很难再翻身。它要靠人气、实力，尤其是信用来树立口碑。只有能够遵守上述信条的人才称得上是行家。虽然有心理准备，但面对曾经共事过的编辑冷言冷语地拒绝，实在太过辛酸。

即便如此，藤本和安孙子还是靠画插画勉强度日，等待着再次起程的那一天。

眼看着存款一天天见少，安孙子开始有些心虚地说："要不还是别干漫画这一行了，回去继续当工薪族吧。"这时藤本对他说："咱们虽然穷，但现在正是创作属于我们自己作品的大好时机啊。"他提议尝试创作自己的长篇作品，埋头打磨漫画方案，静候东山再起。

话虽如此，但曾经人声鼎沸的常盘庄 14 号室，如今门可罗雀，待在这样的房间里太过冷寂；而寺田和石森的房间，依旧能听到前来取稿的编辑的吆喝声。

即便在这样的日子里，常盘庄的伙伴们仍然每天晚上都会聚首。在大伙儿的喧闹声中，看着热门漫画家，一股莫名的好胜心还是会油然而生。他们知道，正在经历艰难困苦的并非只有自己。藤本在那个时候切身体会到了搭档和伙伴带来的莫大鼓舞。

藤本和安孙子就这样度过了他们作为漫画家最艰辛的时期。事件过去一年之后，仿佛“考验该结束了”一般，他们手头的工作一点点多了起来。

安孙子也曾在《漫画道》中大篇幅叙述过此事。他回顾称，自己十分庆幸在上京不久后经历了这一次蜕变成职业漫画家的洗礼。这一事件之后，藤本和安孙子把“慎重制订计划，然后再决定是否接受工作”定为他们的从业铁则。从那之后，他们再也没有拖过稿。两人终于成长为名副其实的职业漫画家。

藤子不二雄在经历一年的空窗期之后奇迹般复出。1959 年 3 月 17 日，日本首批少年周刊杂志《周刊少年 Sunday》和《周刊少年

Magazine》同时创刊。他们随后也开始了在《周刊少年 Sunday》上的连载。

最终，凭借着《周刊少年 Sunday》上发表的《小鬼 Q 太郎》，两人大获成功。

第六章

些许不可思议

家庭的一面

住在常盘庄的后期，藤本把母亲从乡下接了过来。当时，藤本和安孙子所住的房间隔壁空出来一间屋子，于是他把屋子租了下来。不需要合租的藤本再次和母亲共同生活，依靠她照顾自己的饮食起居。

母亲住过来之后，藤本有了为自己准备饭菜的人。他经常会把隔壁的安孙子喊来一起吃。

在常盘庄里，还住着赤家的母亲和石森的姐姐。一到饭点，各处的房间里就会传来“喂——来吃饭啊！”的召唤声。无论是常盘庄的住户还是来访的人，都可以随意进出各个房间，大家像家人一样共同进餐，也是这里日常的光景。

“好好的年轻人不出门工作，整日窝在屋子里画漫画。”当时，画漫画并不被当作正经工作。面对世间的冷嘲热讽，家人的理解在藤本他们的心中十分可贵。

后来，常盘庄的对面建起了一栋名为“兔庄”的新公寓。藤本和安孙子把他们的工作室移至兔庄，常盘庄则完全变为居住之所。

将住所和工作室分开后，两处的面积是之前两人借住在两国时的数倍。虽称不上殷实，但现在的藤本已经完全可以担负起他和母亲两人的生活。藤本感觉自己终于成长为一名职业漫画家。

27岁那年，他和安孙子搬出了常盘庄，在川崎市东生田共同购买了一块土地，建起了两栋一模一样的房子。藤本翌年结婚，之后一直住在这栋房子中，直至辞世。在这里的生活依然有母亲的陪伴。

藤本和夫人育有三女。

他的一天从早晨6点开始。睡醒后会在被窝里酝酿一会儿漫画创意，随后起床。来到客厅坐在餐桌前，他会和女儿们一同享用咖啡、吐司、沙拉之类的简单早餐。这些都是他的日常习惯。

虽然生活依旧被截稿日“紧逼”，但藤本十分在意家人，每周日一定会休息陪伴他的女儿们。这是他给自己定下的原则。

为三个女儿涂抹果酱时，藤本也不忘用黄油刀精心加工他的作品，将果酱、巧克力酱或花生酱涂成条纹或网格。

暑假时，他用绘画纸为女儿们制作庭院盆景，放映人偶剧，或用铝箔做成小动物。圣诞时，他还制作了“圣诞老人邮箱”，来投寄女儿们的圣诞愿望。童心未泯的藤本，用他独有的方式呵护着孩子们的成长。

规律的日常作息

藤本的一天非常规律。吃过早饭，9 点准时从家出门。坐电车后换乘公交，前往位于新宿的办公地点。通勤路上的时间用于读书或总结提炼出的想法。

藤本热爱读书，家里的书架上不仅摆有科学、文学、历史方面的书籍，还有 SF 小说、爱情小说等各品类的 1 万多册图书及资料。

藤本虽然平日里沉默寡言，“一旦聊起来，无论什么话题，他都有巨大的知识储备量，十分博学”。认识藤本的人都这样评价他。

现在的藤本已经开始雇用助手帮忙打理工作。他每天有自己的一套工作节奏。

到达新宿的工作室之后，他会先去咖啡馆坐一坐，制订角色和台词分镜。据说，藤本每画一页耗时 2 小时，不多也不少。据此便可推算出一天可以创作出的页数。

有一次，事务所内部搬家，由于需要搬运大量的办公用品、资料和稿件，于是员工都停下手中的活计，全员出动整理。

但就算这种时候，藤本也没有停下手中的画笔。职员想搬动他的工作台，藤本就站起身，边跟着工作台一起移动，边继续创作。从这件事中可以一窥藤本认真执着的一面，同时他“今日事今日毕”的专业精神也给员工留下了深刻印象。

提到藤本，大家的脑海中就会浮现一个头戴贝雷帽、口衔烟斗的形象。那么他的贝雷帽是否是为了模仿他的偶像手冢治虫而戴的呢？其实不然。戴上贝雷帽，是为了防止画漫画时头发垂下来干扰视线，每次来到工作室他才会戴上。

用烟斗抽烟也是同理。因为普通香烟会占用一只手，这样会干扰画漫画的进度。所以这一切都是为了画漫画而使用的。

做个普通人

一天的工作结束后，藤本通常会直接回到家中。他会清晰划分工作时间和陪伴家人的时间，平淡规整地度日。

他品行端正，行动守时。在怪咖云集的漫画家行列中，藤本被周围的人评为：“漫画家中罕有的品格高尚之人。”

其实藤本对职业漫画家有着自己独到的见解。他认为，为了把人气漫画画下去，创作者必须得是一个“普通人”。

职业漫画家的头衔意味着他所创作的作品会被送到千万人手中。而这也就意味着，他的漫画需要让众多人产生共鸣。为此，创作之人也应当是一个普通人。

虽然职业是漫画家，但每天也会乘电车上下班，工作结束后和家人一同享受团聚时光。放假的时候，打扫打扫屋子，出门看看电影，或者和家人一起吃顿饭。这样的日常生活，对职业漫画家而言是不可或缺的。

同时，藤本又说：

“不过，如果只是一个平凡的人，是画不了漫画的。还需要一些附加成分，那就是只属于你一个人的加分项。哪怕只有一条也好。这一条不必非得与漫画有关。擅长钓鱼也好，热衷模型制作也好，又或者博览 SF 小说也罢。这些优点会融入你的内在，成为平实中的一个亮点，如此便会催生出类似个性的东西。”

藤本的加分项是读书、电影、音乐鉴赏、迷你模型制作以及落语（日本的传统曲艺形式之一，与中国的传统单口相声相似）。

他从少年时代就喜欢电影，这一爱好一直持续至人生的结束。拥有家庭之后，每到假期，他都会携妻带子一同到电影院观影。有时他会领着刚下学连书包都没顾得放下的孩子奔赴影院。藤本家的年末惯例也是全员观影。

他喜欢的音乐有古典乐、香颂、探戈及歌剧。周日的清晨一定是伴随着古典乐到来的。他的工作室里有无数张黑胶唱片。此外，他还喜欢听落语。据说，他曾在工作室大声公放音乐和落语，边听边进行创作。他最喜爱的落语名家是五代目古今亭志生。

《小鬼 Q 太郎》完结

藤本这位慈父贤夫，一旦迈出家门，便恢复了职业漫画家的身份。

在《周刊少年 Sunday》上连载的《小鬼 Q 太郎》大获成功之后，藤本不二雄已成为地位不可动摇的人气漫画家。

常盘庄昔日的伙伴赤冢不二夫凭借作品《阿松》爆红之后，他们还曾感叹："咱们慢慢来。"现在回想起来，那仿佛已是非常久远的事了。

发表热门作品、为《周刊少年 Sunday》的黄金时代作出巨大贡献的藤子不二雄，又开始收到大量工作邀约。这也让藤本切身感受到，画漫画是一桩靠人气赚热度的生意。

自从那次落稿之后，藤本和安孙子开始严格管控工作进度。为了顺利推进工作，他们开始选择以分工而非合作的形式分别承担任务。这也是因为各自组建家庭之后，住处和办公地都不在一起，时间也很难协调，共同作业的难度大增。

更新《小鬼Q太郎》连载内容的是藤本，小学馆其他几本杂志的连载也都由他全权负责。

《小鬼Q太郎》很快被改编为动画，收获了空前的人气。《铁臂阿童木》之后，漫画改编成动画都流于一种形式，初期电视上播放的动画都是《铁臂阿童木》《铁人28号》之类的SF机器人风格。

在这个时期出现的《小鬼Q太郎》因对搞笑元素的运用，很快成为坊间热门。从那之后，藤子动画成了动画界中不可或缺的存在。SF搞笑漫画开始在孩子们当中广泛渗透。

"《小鬼Q太郎》要完结了。"

虽然深受孩子们支持和喜爱的《小鬼Q太郎》人气依旧鼎盛，却遗憾地宣布将于第二年结束在《周刊少年Sunday》上的连载。

原作的人气分明还很高涨，但动画版赞助商为了避免角色周边销量下降，要求设计出新的角色，导致杂志连载提前结束。这一结果实在太具讽刺性了。

这件事令藤本十分沮丧。“孩子们明明那么喜欢Q太郎，现在却要为了避免周边销量下降而终结连载！”藤本无法释然，却也无能为力，因为问题发生在他力所不能及的地方。于是他开始了下一部作品《小超人帕门》的连载。

戴上面具后，可以在空中以时速91千米科索沃的速度飞行，力量变成平时的6600倍，他就是能够化身为小超人帕门的少年须羽光夫。在这部作品中，藤本描绘了少年须羽光夫在现实世界里运用超能力而引起的一系列搞笑故事。

接下来连载的《21世纪小福星》和《梅子星王子》也是同一路线风格的作品。这些都是藤本在《小鬼Q太郎》之后对于如何让日常与非日常相碰撞，激出SF搞笑漫画火花的更深层次的尝试。

1969年，“阿波罗11号”飞船成功登陆月球表面，在全球掀起了一股宇宙热潮。

“这是我个人的一小步，却是全人类的一大步。”

人类首次登陆月球表面后，阿姆斯特朗说出了这句名言。

翌年，大阪举办了以“人类的进步与和谐”为主题的世界博览会。“阿波罗11号”从月球带回的“月石”大受瞩目，世博会美国馆门前排起了长龙。

热门作品的重压

在如此潮流的影响下，藤本着力创作了几部作品，每一部都拥有一定的人气，但每一部都很短命。

《21 世纪小福星》和《梅子星王子》被改编成了动画，但都达不到《小鬼 Q 太郎》那样的高度。周围的人对它们期待很高，但人气每况愈下。藤本开始感到焦虑。

自《小鬼 Q 太郎》以来，赞助商开始对他提出“藤本老师，设计一些这样的角色如何？”的提案，藤本的创作环境也发生了巨大变化。现在，人们期待他的每一部作品都会成为大热作品，藤本感受到了与之前被截稿日逼迫和担心不受欢迎时程度完全不同的重压。

另外，在这个时候，漫画界刮起了“剧画热潮”，开始迎来新的时代。迄今为止的漫画创作是以手冢作品为制高点，都是风格圆润柔和、面向孩子的故事性漫画。而“剧画”是试图真实描绘人性和社会阴暗面的青年向漫画作品。

主题严肃并以强有力的写实笔触加以描绘的剧画，以创作了《骷髅 13》的斋藤隆夫为中心，于 20 世纪 60 年代在日本漫画界刮起了一场飓风。

1964 年，传奇漫画杂志《GARO》创刊后，《卡姆依传》作者白土三平、《鬼太郎》作者水木茂以及柘植义春等拥有狂热粉丝的漫画家一齐在上面发表漫画，剧画的人气变得不可动摇。

终于，《周刊少年 Magazine》也接连收录了梶原一骑的《巨人之星》和《小拳王》等剧画风格的漫画。青年向漫画销量急剧攀升。

《周刊少年 Sunday》黄金期 3 年后，由于剧画的到来，《周刊少年 Magazine》也迎来了它的黄金期。

重大决断

剧画热潮的到来让藤本十分苦恼。现如今，漫画的读者群已经从曾经的以儿童为中心，开始向大学生、工薪族等成人转移。

如此一来，自己执着创作的古典风格的生活搞笑漫画也许不再被需要了。藤本也曾在《周刊少年 Sunday》的连载中大胆尝试新的风格，但依旧难以与时代大潮抗衡，收不到应有的效果。

编辑部曾向他提议："根据工薪族的喜好，重新设计《21 世纪小福星》和《梅子星王子》中的角色，创作一部成人向的新作如何？"但藤本毅然拒绝："我不允许让自己的读者层变质。"藤本失去了往日的自信，创作陷入僵局。

不过，苦于剧画热潮的不仅是藤本一人。曾被誉为"漫画之神"的手冢也在剧画热潮的逆风中摸索前行。随着剧画的兴起，手冢漫画的人气开始呈现低迷之势。

在剧画开始积聚人气之时，手冢也曾尝试将剧画元素融入自己的创作当中。他将剧画写实的表现手法加入自己独特的画面配置当中，创作出了《火鸟》等一系列新作。在那之后，他也在一直摸索。

曾因剧画热潮的打击而一度被唤作“昔日漫画家手冢治虫”的他，终于通过作品《怪医黑杰克》重获新生。

另一方面，心意已决的藤本给《周刊少年Sunday》的总编去了一封亲笔信：

“在给您写下这封信之前，我也曾努力扭转局面。然而，对于儿童漫画的存在方式这一点上，我有着自己不可动摇的信念。……如今，可选之路只有一条，请您将我从《周刊少

年 Sunday》的执笔队伍中除名吧。”(《行家本色：传奇漫画家藤子・F・不二雄》，NHK)

对方曾期待他在《小鬼 Q 太郎》之后能有更加热门的作品，但陷入低谷的藤本最终选择退出连载作者队伍。他希望能留出时间重新审视自己的作品。

从《周刊少年 Sunday》创刊伊始，藤本便与之有交往，对它有着万分的情谊和不舍。一旦从中撤出，就不会再有合作的机会。靠漫画谋求生计的藤本，作出了一个无异于自断后路的艰难抉择。

但这样的选择也让藤本有了自我充电的时间。他开始创作自己想画的作品，也会积极响应参加海外采风。

挑战新领域

身处低潮的藤本不断摸索着前行的道路。有一次，一位编辑前来拜访，他就是《Big Comic》的小西涌之助。

《Big Comic》是属于面向成年人的漫画杂志，此次总编小西特意前来向藤本约稿。

“别开玩笑了。我画不了。我的风格你是知道的，从出道以来一直都在画儿童漫画。连骨髓里吸收的都是儿童套餐的养分啦。”（《藤子・F・不二雄的创造力》，小学馆）

藤本想要把邀约推辞掉，但小西坚持说：“那也不要紧，您就先试着画一画吧！”小西确信，藤本还有可以挖掘的潜在才能。

在和小西互不让步的争论中，藤本还有一种挥散不去的担心，那就是对偏离《小鬼Q太郎》方向之后的不安。迄今为止，藤本一直走的都是以《小鬼Q太郎》为代表的SF搞笑漫画创作路线。突然闯入一个未知领域，新人尚且不论，对于已经成为漫画界中坚力量的自己而言，这是一次很大的赌博。成功了自然皆大欢喜，可一旦失败，损失不可估量。藤本的内心摇摆不定。

但小西不顾藤本的担心，大胆地继续对他说："画您想画的就好了。"总之，想让他先创作一部漫画练练笔。

起初断然拒绝的藤本，在听过小西的话后，不知怎么的，渐渐觉得自己可以担当此任。小西带来了一份资料，讲述的是某个地区残酷的民间故事。

藤本突然有了灵感。就这样，他创作出了自己首部面向成人的异色短篇漫画作品《米诺陶之盘》。

在宇宙中遇险的一名人类男子，辗转漂泊到由和地球上的牛长相十分相似的牛头族统治的星球。男子爱上了救助自己的少女蜜诺雅，但某天他发现，和人类相仿的蜜诺雅所属的种族竟是牛头族饲养的家畜，并且品相好的蜜诺雅已被选为明年大祭上“米诺陶之盘”里的高级食材。男子想救下蜜诺雅，但蜜诺雅对他说，能成为大祭上的祭品是令她感到十分荣耀的使命……

藤本创作的这部《米诺陶之盘》，其主题完全颠覆了人类在文化、伦理方面的价值观。

当被放逐于吃与被吃的地位颠倒的世界中，固有观念发生动摇之时，人类究竟还能做些什么？藤本在这部漫画中，描绘的正是在面对不同价值观时人类的无力感。

行家的工作和兴趣

收到画稿当天，小西便致电藤本说：“太恐怖了，我感觉背后一阵阵发凉……您的作品实在太棒了，请务必再创作几部吧。”

正如小西所评估的那样，藤本以柔和的笔触描绘出的切入人类深层心理的主题，会唤起读者难以言喻的恐惧感，使作品呈现出独特的深度。《米诺陶之盘》被称为藤本最好的作品之一。

通过这一次经历，他发掘出了自己一直以来未曾注意到的新可能性，这令他十分喜悦。原来自己还能画出这种类别的作品！他高兴得像得到了一个新玩具的孩子。

从那之后，藤本又先后创作了《岛梅（倒霉）先生的幸运》《轻松杀人去》《绿之守护神》《乡愁》《守株待兔》《冈比西斯之签》等多部短篇作品。

这些短篇作品后来结集为面向成人的《异色短篇集》。在这些作品中，藤本延续了他绘制儿童漫画时细腻动人的笔触，同时以离奇严肃的世界为创作背景，两者之间的不平衡感营造出了一种藤本独特的寂冷恐怖之感。因此，虽说是面向成人的漫画，但作品风格同剧画所散发出的气场泾渭分明，展现了藤本独有的世界观。

虽然藤本在SF短篇上的成就得到了很高评价，但他仍将自己一直以来创作的儿童漫画与成人向漫画分立而论。他认为，漫画需要在一定程度上与阅读者的年龄相匹配，应该避免给小孩子读蕴含刺激成分的作品。

相反，在成人向作品中，就不需要有创作儿童漫画时的紧张感和顾虑。然而，藤本还是认为自己应该做一个画儿童漫画的行家。成人向的 SF 短篇作品更像是自己的一个兴趣，仅此而已。

些许不可思议

开拓新领域，收获一种新的作品风格的藤本，将 SF 阐释为“些许不可思议”（Sukoshi Fushigi）的缩写，并开始将其作为自己漫画创作的轴心。

原本 SF 是“Science Fiction”，即科学幻想的缩写。但藤本漫画中出现的 SF 意思稍有不同。

藤本所思考的 SF，即“些许不可思议”，是现实中想不到的奇妙事件，并不限于科学幻想。

针对这个“些许不可思议”，藤本曾这样定义：

“谁都会对不可思议之事感到好奇，但比起完全空想的故事，人们会更想听一些身边真实发生的奇妙故事。看似荒谬却又有现实感，这就是我心中的SF吧。”（《藤子·F·不二雄的创造力》，小学馆）

这不正是藤本在幼年时读过《孙悟空》和《一千零一夜》之后的认知吗？

些许不可思议、令人心潮澎湃的事情，也许明天就会在自己身边发生。在他幼小的心灵中曾有过这样一份期待，而现在，他希望能把这样让人心生悸动的奇妙故事画下来给孩子们读。这就是藤本对儿童漫画的执念。

读着手冢漫画长大的孩子们开始去阅读青年漫画，长大成人的漫画家们也开始以他们的同龄人为对象创作漫画。

而藤本依旧坚信自己的创作原点在于儿童漫画，并专心执着于此。不久之后，他的代表作《哆啦 A 梦》就诞生了。

人们常说，和读者的年龄层差距越大，漫画创作就会越困难。藤本却以儿童漫画为宇宙中心，数十年如一日地向目标挺进。正是这种持之以恒的精神以及源源不断的灵感，将漫画家藤子・F・不二雄推向了天才之列。

第七章

成为藤子·F·不二雄

收集碎片素材

那个时候，藤本一直在思考新连载的创意。

眼看截稿日步步逼近，但脑海里依旧没有一丝灵感。结果，放出的预告连书名都没有，仅写着“正月号开始新连载，敬请期待”，配着一幅男孩坐在桌前的吃惊表情，似乎从抽屉里出来了什么了不得的东西。

“真是头大，快没有时间了。”

预告算是勉强交差，但稿子也得很快提交上去。可即便是出门散步，路上也完全想不出什么好主意。

漫画家有很多类型，藤本属于在最开始会

犹豫困惑的那一类。他很不擅长在众多选项中作出决定。

然而，藤本依旧认为，行家应该做到能在桌前思考、总结想法。如果只依赖机缘巧合，那么他就无法定期创作作品。绞尽脑汁思考的话，一定会有灵光闪现的那一刻，而一旦有了想法，角色就会同漫画一起一步步成长起来。因此，最初的想法尤为重要。

针对灵感，藤本曾谈道：“漫画创作是收集碎片素材的过程。手中掌握丰富有趣的碎片是十分有价值的。”

比如说，哆啦A梦是“来自未来的猫型机器人”。“未来”是一个固有的既成概念，“机器人”是一个众所周知的碎片素材，而“猫”经常就在我们脚边晃悠。然而，将这三个碎片拼凑到一起，就会诞生一个新的世界。像这样的素材，掌握得越多，发挥创造性的可能性也就越大。

如此想来，其实藤本就是凭借这种方法来创作漫画的。但单纯拼凑碎片是无效的，如何让它们组合起来更有趣才是难点所在。“要是有这样的道具该有多好！”其实，最最需要哆啦A梦四次元口袋中秘密道具的不是别人，也许正是藤本本人呢。

《哆啦A梦》的诞生

原稿已经到了非交不可的时候。取走预告的新人编辑被领导训斥：“书名没有，主人公也没有，这算什么预告！”

“所言极是，实在抱歉！”

藤本又一次抱头坐在桌子前绞尽脑汁地想点子。这种被截稿日带来的恐惧感忽然让他回想起刚刚来到东京的日子。

“那时候真是要命啊。”

凶神恶煞般的编辑就坐在身后，自己和安孙子承受着巨大压力拼命赶稿。

究竟反复经历了多少这样的岁月啊。要是能发明一种关于帮忙想点子的机器该有多好。藤本的意识开始神游。

“等一下！点子发明机！很有趣的想法啊。不如就创作一部关于能把便利的工具带到主人公身边的点子发明机漫画吧。”

藤本灵光闪现，迅速在笔记本上把想法记下来，并把浮现在脑海中的点子发明机画了出来，开始设计角色。就在这时：

“喵嗷——呜！”

户外忽然传来尖厉的声音。藤本一惊，打开窗户一探究竟，才发现是窗外的野猫在打架。

“啊，真是的，吓我一跳。刚想到的好主意

又被打断了。不过，好像之前也遇到过这种事。”

藤本回想起之前有一次，自己正躺在屋子里提炼想法，一只野猫溜了进来。

小猫身上满是虱子。藤本可是捉虱子的好手，他轻轻把猫咪揽到怀里，仔细找了起来。一只……又一只……等回过神来，已经是日落西山，而眼前站着神情可怖的编辑。

回想往事，藤本渐渐开始犯困，再醒过来时已是第二天清晨。

昨晚明明准备琢磨点子却又睡过去了，惊慌不已的藤本翻身而起。

他急匆匆下楼，发现走廊上滚着女儿喜爱的玩具“波铃”，“波铃”是个塑料不倒翁，一倾斜就会发出“波铃——波铃——”的声响。藤本喜欢圆滚滚的东西，所以他的视线一下子就被“波铃”吸引了。

大脑里的碎片迅速拼接。

圆滚滚的玩具，猫，让时间倒流的道具。猫的话，最常见的就是野猫（dora neko），取其中的“Dora”，再配上一个古旧的男性名字“emon”——这个来自未来的名叫“Doraemon”的主人公，将利用各种便利的道具帮助预告中的男孩。“就是他了！”

“哆啦 A 梦”，就此诞生。

藤本曾以《哆啦 A 梦的诞生》为题，用漫画对这个有趣的过程作了介绍，内容收录在 *CoroCoro Comic DX* 杂志中。灵感像联想游戏般迸发，藤本迅速开始着手设计角色。

虽说选取猫为元素，但藤本觉得若完全遵循猫的画法，角色会缺乏灵性，于是故意设计成一只缺失了耳朵的原型不明的猫。

至于配色，他也经过细致考量。新漫画将出现在学年杂志《小学三年生》上，低学年杂志的封面配色大致为黄底红标题，为了让其形象在这样的封面上显眼，他为哆啦A梦选择了蓝色的身体。

某一天，来自未来的猫型机器人哆啦A梦，从懦弱平庸的少年野比大雄的抽屉里现身，用他口袋里的神奇道具帮助大雄。

虽说是不错的想法，但藤本风格的儿童漫画专于描绘日常，从某种意义上讲，其实已属于旧式手法。它能否真的被如今的儿童接受？手冢漫画狂热的时代已经过去，现如今，漫画如繁星般层出不穷，而娱乐的中心也正向电视转移。

按年龄层分开画

正如藤本预料的那样，《哆啦A梦》的连

载在一开始悄无声息。

同时刊载《哆啦A梦》的刊物是6本学年杂志。最初是从《好孩子》《幼稚园》到《小学四年生》，后来变成从《小学一年生》到《小学六年生》。

读过《小学一年生》的孩子们到了第二年开始读《小学二年生》，接着是《小学三年生》。出于这个原因，藤本在创作时刻意留心，通过故事漫画中的少年野比大雄陪伴着孩子们一同成长。

比如，在面向低学年孩子的《哆啦A梦》中，大雄被胖虎他们欺负后，跑来找哆啦A梦哭诉。为了帮助大雄，哆啦A梦拿出了神奇道具……藤本会用很多场景细腻描绘道具出现前的过程。

而面向高学年孩子的《哆啦A梦》会从道具出现开始讲起，大雄往往是在故事展开过程中才意识到道具的存在。

虽然“哆啦A梦用神奇道具帮助大雄”这样一个基本设定没有变，但为了便于不同年龄层的孩子理解，让他们觉得故事的铺陈有趣，藤本下了一番功夫。此外，故事中经常出现的手写体“哇——”“啊——”，也是想让低学年孩子读起来轻松易懂。

另外，在人物塑造方面，藤本也动了一番心思。在面向低学年的漫画中，每当哆啦A梦拿出新道具时，天真无邪的小野比都会活蹦乱跳，而在面向高学年的作品中，则是突出野比的反应，以此看出他内心的成长。并且从《小学一年生》到《小学六年生》，野比的身高也在逐渐发生变化。

顾及各个年龄层孩子的感受来创作漫画，是一件比想象中更为困难的事情。因为即便努力通过回想自己的童年来创作，但不知不觉间，自己还是会逐渐回归到成人的视角。

在这种时候，藤本便会参考和女儿们共同读书时的体验。藤本为女儿们准备了许多童话乃至高学年水平的儿童文学读物，在她们很小的时候便开始读给她们听，直到上小学。

文学创作的目的原本就在于描绘人性的本质。因此，从优秀的儿童文学中往往能够找到活灵活现的儿童身影。像《汤姆·索亚历险记》这样的作品，就连成人读来也会兴致盎然。藤本往往一边读给女儿们听，自己也会被故事情节吸引，仿佛身临其境。

就这样，藤本在为女儿们读书的过程中，再一次回归孩子的视角，从那里搜集有趣的元素，融入到自己的漫画中。

追求细节

有一次，看过草稿的藤本对他的助手说：

“把空调加上吧，否则会显得与时代不合拍。”

虽然只是对画面中一个小角落的取舍，但他不希望让孩子们在阅读时感觉到房间中的年代误差。因此，藤本连客厅放几块坐垫都心中有数，而大雄成天想要得到的也是孩子们共同的梦想——遥控玩具和电视游戏。

在细节上尽可能追求与时代同步，但故事背景要尽量平凡。藤本会特别留意不让故事脱离在平常街道里生活的孩子们的日常。他认为，虽然时代瞬息万变，但孩子们眼中的世界基本上不会发生变化。

藤本对于助手的指示非常具体，不仅是指明所画之物，他还会让助手去参考“某某书的某某页”。他不希望给孩子们传递虚假信息。在他的工作室中，各种资料堆积如山，就算是一只虫子的画法，藤本也会参考图鉴。

关于藤本的这份执着，他的一名助手后来回忆说：“他平时温和沉稳，但在漫画这件事上要求十分严格，甚至有些固执。”（《昭和伟人传：藤子·F·不二雄》，BS朝日）

藤本对于细节的极致追求，目的是为了通过那些能传达出情感的人物和空间环境，让孩子们能在阅读时自然而然地融入漫画情节之中。

也许很少有人注意到他的这份用心，而这些细节也与精彩的故事情节无关。然而，藤本始终坚持描绘日常与非日常碰撞出的趣味，为此，他认为有必要保留漫画中的某些普遍性。

稳固的人气

连载3年后,《哆啦A梦》被改编为电视动画，但半年后，电视放映便结束了。与此同时，在《小学三年生》上的连载也进入是否完结的探讨阶段，藤本在那时创作了后来成为传奇的梦幻最终回《再见！哆啦A梦》。

“为什么电视放映结束，漫画也要跟着完结啊？”

藤本怒不可遏。就因为赞助商，自己呕心沥血培育的角色要再次和读者告别了。《小鬼Q太郎》的遭遇仿佛又要重演。

在藤本看来,《哆啦A梦》是一部自己所追求的漫画的集大成之作，是在儿童漫画市场的低迷环境中，坚持信念默默创作出的意义非凡之作。他不甘心。

藤本将《哆啦A梦》视为自己漫画作品的

集大成之作。无论是儿时读过的奇妙故事、长大点后读到的科学探险故事，还是手冢的漫画作品，这些在他体内一点一滴积累下来的财富成就了《哆啦A梦》。

也许是心想事成，连载最终没有被终结，漫画继续发行。到了连载4年后的1974年，收集了《哆啦A梦》历年作品的单行本《瓢虫漫画　哆啦A梦》刊行了。

单行本一发售便聚集起火爆人气，仅仅一年时间，发行量突破100万册，一跃成为畅销书。

这一现象让藤本也大为吃惊，虽说作者和读者同时享受过程是让作品成为畅销书的一个条件，但收获如此大的反响是他始料未及的。

1977年，《哆啦A梦》主题漫画杂志*Coro-Coro Comic*创刊，《哆啦A梦》的人气进一步得到巩固。后来，由于孩子们的狂热支持，这本杂志占据了儿童漫画领域的核心地位。

“孩子们并没有抛弃漫画，只是因为没有好漫画出现罢了。”藤本不再犹豫了。从那之后，他以 *CoroCoro Comic* 为中心，任意畅游在《哆啦 A 梦》的世界里。

1980 年，在该杂志上发表的《大雄与小恐龙》确定成为由该系列改编的第一部动画电影。

电影一直是藤本从小憧憬的世界。“既然要写长篇，那么日常舞台会显得无趣，不如干脆准备一个大舞台，让哆啦 A 梦和大雄好好施展吧！”于是他选取了儿时最爱的恐龙题材，肆意挥洒灵感。

在后来被称为“日本电影界极品摇钱树系列”的哆啦 A 梦大长篇系列作品，会在每年 3 月春假期间以儿童为主要观影群体公开上映。藤本自己也很期待每年的电影制作和上映，他会美滋滋地和家人分享：“今年他们要有如此这般的冒险了。”

《哆啦A梦》不仅在当时人气爆棚，即便到现在，也持续受到孩子们的欢迎。

漫画累计销量1亿册以上。截至2013年，该系列的第33部作品《大雄的秘密道具博物馆》上映，动画电影系列总观影人数突破1亿人。这是日本国产电影史的壮举，也证明了《哆啦A梦》的人气已不可动摇。

此外，《哆啦A梦》在日本之外的人气同样鼎盛。目前，漫画已在世界17个国家和地区出版，动画在30多个国家和地区放映。1996年藤本过世的那一年，越南还设立了“哆啦A梦教育援助基金”。

诚如藤本所愿，哆啦A梦已经成为孩子们心中永远的英雄。

组合解散

藤本45岁左右时，《哆啦A梦》的人气逐步攀升，他作为漫画家的状态也渐入佳境，心无旁骛地投身创作当中。

藤本用过的铅笔笔身油腻腻光溜溜的，他仿佛是在用削减寿命的方式将灵魂注入《哆啦A梦》的创作中。这段时期他承担的连载任务，加上刊载《哆啦A梦》的6本学年杂志，每月达16本，工作量惊人。

然而，看似人生一帆风顺的藤本，在步入知天命之年后，身体开始频频不适。藤本身体原本孱弱，因此尽量保持着规律的生活习惯。52岁那年体检时，他检查出身患胃癌。

正子夫人并未将这一噩耗告知藤本，而是选择独自默默承受。好在手术成功了。然而，顺利出院恢复工作后的藤本，身体很快又一次陷入病态。渐渐地，藤本开始疾病缠身。

一个夏天的夜晚，藤本造访了安孙子的住处。

“这是怎么了，这么晚过来？”

安孙子安排藤本坐下后吃惊地问道。

“嗯……我在想，我们解散吧。”

藤本是前来告知安孙子，他已经决定解散这对从高中三年级出道以来，以“藤子不二雄”的笔名齐心协力走过33年岁月的老搭档。安孙子诧异地说：“容我想一想。”然而，其实藤本心中早有决断。

在那个时候，藤本和安孙子仍然在以“藤子不二雄”的名义活动，但已经都在独自创作作品，并且作品风格也截然不同。

藤本依旧以SF搞笑风格为核心，一心倾注在儿童漫画的创作中。安孙子1968年在*Big Comic*上发表了《黑色推销员》，代表作还有

《魔太郎来！！》等，走的是黑色路线的漫画风格。

在那之后，安孙子还创作了《忍者哈特利》《职业高尔夫球猿》《怪物小鬼》等作品，两人作品路线的差别一目了然。虽然他们都使用“藤子不二雄”署名，但读者一眼便可辨别出是谁的作品，甚至藤本和安孙子分别被昵称为“白藤子”和“黑藤子”。

以前，藤本认为，即便自己和安孙子的作品风格已然不同，但由此拓展藤子不二雄作品的戏路，也不失为一桩趣事。

但如今，他们已经没有在一起创作作品的机会了。两人已经在漫画界确立了各自的风格，更何况，过了50岁这一关，也是时候独自来走接下来的路了。藤本这样想道。

1987年，藤本和安孙子发表了同样内容的组合解散宣言。而那时的藤本，也许已经自知余日不多。

组合解散后，藤本以“藤子不二雄F”，安孙子以“藤子不二雄Ⓐ”的笔名分别进行活动。藤本还创立了“藤子制作”公司，在独自创作之路上勇往直前。

“‘藤子不二雄F’读起来有点别扭，不如把F放到名姓之间如何，像个中间名不是很酷嘛。”一年后，在石之森章太郎的建议下，藤本改笔名为“藤子·F·不二雄”。如此，藤子·F·不二雄终于出现了。

《哆啦A梦》的普适性

单飞之后，藤子·F·不二雄走过的历史也是成就《哆啦A梦》的历史。以哆啦A梦大长篇系列为核心工作，藤本每日都在为电影制作及宣传奔波。《哆啦A梦》成了藤本的毕生之作。

“只有藤本君一人坚持走在儿童漫画创作的王道之上，这是一项非凡之举。”

曾与藤本搭档多年的安孙子这样评价他。确实，坚持数十年如一日地创作儿童漫画，这需要非常人的精神信念。人们甚至说，如此执念的漫画家，世间恐怕仅有藤本一人。

即便是像手冢治虫这样的大师，在剧画抬头之后，他也曾自我怀疑：“我的漫画风格是不是已经过时了？”于是他尝试将剧画元素吸纳到自己的漫画创作当中。如此可以看出，藤本的信念有多么强大。

藤本一生共创作了超过1300话《哆啦A梦》，但他仍然说：“我还没有画够。我要彻底画到灵感一滴不剩为止。”他不断探寻新的创作高度。

藤本要探寻的是，如何在“哆啦A梦从口

袋里掏出秘密道具，解救大雄于危难之中”这一设定的基础上，扩充漫画的延展性。

懦弱又懈怠的野比大雄，有时也会自我反省，努力上进，并且也有珍视朋友的一面——在不更换主人公的前提下，藤本不断挖掘大雄人格的深度与多面性，避免陷入既成模式的局限性当中。

不将角色嵌入固定框架之中，而是选择温情守护，让他在一定程度上能自由自在地发挥个性。为此，藤本认为，必须赋予漫画角色和人类同样的灵性。

藤本凭借上述巧妙的人性塑造以及深邃的洞察力赋予了作品普适性，从而让孩子们对《哆啦 A 梦》的爱得以跨越时代。

藤本这种出类拔萃的才能也得到了漫画家同行的认可。十多年间，他常持童心，坚守在儿童漫画创作的岗位上。多少年过去了，他依然深受日本乃至全球孩子们的爱戴。这正是藤子・F・不二雄被尊为伟大漫画家的原因。

梦想和冒险的世界

胃癌手术 5 年后，藤本又罹患肝癌。但他坚持不注射止疼药，依旧伏案为每年春天公开上映的大长篇电影创作内容。

然而，1996 年 9 月 23 日，在为该系列的第 17 部作品《大雄的发条都市冒险记》执笔途中，藤本突然倒在自家书斋，与世长辞。去世时，他手里还握着画笔。

漫画家藤子・F・不二雄去世，享年 62 岁。他过早地离开人世，让人们沉浸在无尽的惊讶和悲伤之中，久久难以自拔。但藤本留下来的 5 万多张原画，正是他曾经奋斗过的印迹。在那些画纸上织就的梦想和冒险的世界，至今仍凭借它的无穷魅力，吸引着世界各地的孩子们。

2011 年，藤子・F・不二雄博物馆在藤本生前居住的神奈川县川崎市开馆。这是在正子夫人的大力推动和支持下实现的。她希望可以把藤本留下的原画向普通市民展示，和众人一同守护藤本经历的时光。

希望孩子们永远抱持对梦想和冒险的憧憬之心的藤本曾说过下面一番话：

“孩子生性爱冒险。刚刚会爬的时候，他就会歪歪扭扭地爬楼梯，把头伸进洗衣机里瞅一瞅，让大人心惊胆战。但也许正是这种与生俱来的能量，推动着人类社会向前发展。这也是孩子们喜欢看冒险故事的原因。

“我曾幻想着有一天长大了，也能这样、那样去冒险，于是我试着去描绘幼稚的孩童梦。

万万没想到，不知不觉间我已成为一名漫画家。

“其实对我而言，成为漫画家的过程，才是一次真正的大冒险。”（《藤子·F·不二雄的创造力》，小学馆）

“想要为孩子们提供优质的娱乐”，依靠这一信念，藤子·F·不二雄一生步履不停。只要他的作品依然受到孩子们的喜爱，那么孩子们对于梦想和冒险的憧憬之心就会生生不息。

年　表

年份	年龄	大事记
1933 年	0 岁	12 月 1 日，生于富山县高冈市，本名藤本弘
1941 年	8 岁	（日军偷袭珍珠港，太平洋战争爆发）
1944 年	11 岁	在高冈市立定冢小学就读五年级时，结识转校生安孙子素雄
1945 年	12 岁	（太平洋战争结束）
1946 年	13 岁	就读高冈工艺专科学校中学部；和安孙子共同制作反射式幻灯机，播放合作创作的连环画《天空魔》
1947 年	14 岁	受到手冢治虫作品《新宝岛》的冲击
1949 年	16 岁	被手冢治虫作品《遗失的世界》感动，寄去慕名信；用英文给沃尔特·迪士尼寄去慕名信并收到回复
1950 年	17 岁	和安孙子共同创作手绘传阅杂志《少太阳》；开始向《漫画少年》和《北日本新闻》投稿

续表

年份	年龄	大事记
1951年	18岁	《天使小玉》投稿被《每日小学生新闻》采用，作为漫画家出道
1952年	19岁	拜访宝冢市的手冢家，和手冢会面，看到《未来世界》的废稿受到冲击；高中毕业后，在津田糕点厂就职，数日后辞职，决心投身漫画事业；安孙子在富山新闻社就职，作品创作主要由藤本承担，安孙子帮忙；《西部某处》投稿被《少年少女冒险王》（秋田书店）采用
1953年	20岁	作品《四万年漂流》首次在《少年少女冒险王》上连载，但由于不受欢迎，5回完结；和安孙子共同创作的唯一单行本《UTOPIA：最后的世界大战》（鹤书房）出版
1954年	21岁	为实现成为职业漫画家的梦想上京，和安孙子借住在安孙子亲戚家一间两张榻榻米大的屋子里；同寺田博雄、坂本三郎、永田竹丸、森安直哉结成第一批新漫画党；同年10月，在手冢治虫搬离后，藤本和安孙子入住常盘庄14号房间

续表

年份	年龄	大事记
1955 年	22 岁	返乡高冈后，未能及时完成更新任务；在那之后，有一年以上的工作空窗期；同寺田博雄、石森章太郎（后改笔名为石之森章太郎）、赤冢不二夫、角田次朗、铃木伸一、安孙子素雄再次结成新漫画党；旁边有了空室后，藤本租下作为独室 （《漫画少年》停刊）
1956 年	23 岁	直到本年初春，都没有工作做，只能不断向寺田借钱；专心创作自己的长篇漫画作品
1959 年	26 岁	（日本首批少年周刊杂志《周刊少年 Sunday》和《周刊少年 Magazine》同时创刊） 开始在《周刊少年 Sunday》连载作品《海王子》，两天后收到《周刊少年 Magazine》的邀约；在常盘庄对面新建的兔庄另辟一间工作室
1961 年	28 岁	从常盘庄搬至神奈川县川崎市东生田，建起两栋一模一样的房子，和安孙子毗邻
1962 年	29 岁	与同乡石本正子结婚

续表

年份	年龄	大事记
1963年	30岁	和铃木伸一、安孙子素雄、石森章太郎、角田次朗、角田喜代一起创办由六名董事和一名社员组成的零工作室，后来赤冢不二夫也加入其中 （《铁臂阿童木》动画版开始放映）
1964年	31岁	《小鬼Q太郎》开始在《周刊少年Sunday》上连载 （东京举办奥运会）
1965年	32岁	《小鬼Q太郎》被改编为电视动画，Q太郎热潮变成一股社会现象；长女匡美出生
1967年	34岁	《小超人帕门》开始连载，同年改编电视动画开始放映
1968年	35岁	《21世纪小福星》开始连载；次女日子出生；《梅子星王子》开始连载，同时改编电视动画开始放映，但无法聚拢人气，藤本陷入低谷； 在编辑的劝导下，在 *Big Comic* 上发表成人向异色短篇漫画作品《米诺陶之盘》，成功开拓新领域
1970年	37岁	《哆啦A梦》开始连载；零工作室解散 （大阪主办世博会）

续表

年份	年龄	大事记
1971年	38岁	《小鬼Q太郎》再度被动画化
1972年	39岁	三女地子出生
1973年	40岁	《哆啦A梦》荣获日本漫画家协会优秀奖；《哆啦A梦》电视动画放映半年后结束；创作让读者虚惊一场的最终回《再见！哆啦A梦》
1974年	41岁	《瓢虫漫画　哆啦A梦》单行本开始发行，人气爆棚，第二年发行突破100万册
1977年	44岁	《哆啦A梦》主题漫画杂志*CoroCoro Comic*（小学馆）创刊，后来逐渐成为儿童漫画领域的核心杂志
1978年	45岁	走访墨西哥南部、危地马拉的玛雅文明遗址，之后每年都会寻访全球各地的古代遗址
1979年	46岁	《哆啦A梦》再度被动画化
1980年	47岁	设立藤子不二雄奖；哆啦A梦大长篇系列开始连载；由该系列改编的第一部电影动画《大雄与小恐龙》上映；《瓢虫漫画　哆啦A梦》销量突破3000万册
1981年	48岁	荣获川崎市文化奖；为配合NHK特辑《常盘庄——我们的青春》，在常盘庄举办同窗会

续表

年份	年龄	大事记
1982 年	49 岁	《哆啦 A 梦》再获小学馆漫画奖
1986 年	53 岁	被诊断出罹患胃癌住院
1987 年	54 岁	藤子不二雄组合解散，藤本以“藤子不二雄 F”为笔名，安孙子以“藤子不二雄 Ⓐ”为笔名，两人各自活动；后来藤本改笔名为“藤子・F・不二雄”
1994 年	60 岁	《哆啦 A 梦》获得日本漫画家协会奖文部大臣奖
1996 年	62 岁	在越南设立“哆啦 A 梦教育援助基金”并访问越南；9 月 23 日，与世长辞，享年 62 岁
1997 年		《哆啦 A 梦》荣获首届手冢治虫文化奖漫画大奖
2011 年		藤子・F・不二雄博物馆在川崎市开馆

※ 本年表参考《藤子・F・不二雄的世界》（小学馆）制成。另外，年龄一栏体现的是藤子・F・不二雄在该年份的自然年龄，而非事件发生时的年龄，敬请留意。

参考文献

本书在写作时参考了以下书籍和资料，感兴趣的读者可进一步了解阅读，相信一定会有新的收获。另外，部分书籍可前往图书馆等处查阅。

《藤子·F·不二雄的世界》，藤子·F·不二雄著，小学馆，2011年

书中以时间顺序整理了藤子·F·不二雄的作品，同时还刊登了一些珍贵照片，可从中感受到他的人格魅力。同时，书中还收录了《哆啦A梦的诞生》《再见！哆啦A梦》以及《米诺陶之盘》等漫画作品。

《藤子・F・不二雄的创造力》，哆啦 A 梦之屋编著，小学馆，2014 年

书中收录了藤子・F・不二雄在随笔中以及在接受报纸杂志采访时说过的话，分为“成长经历”“漫画理论”“工作方式”等章节，可通过此书对其形象形成整体性了解。

《两人只顾一门心思创作少年漫画》，藤子不二雄Ⓐ、藤子・F・不二雄著，日本图书中心，2010 年

藤子不二雄自传，正文由藤子不二雄Ⓐ执笔，藤子・F・不二雄撰写章首语，共同回顾从邂逅彼此到上京后在常盘庄度过的生活。展开此书，年轻时代两人对漫画的热情扑面而来。

《漫画道》，藤子不二雄Ⓐ著，中央公论新社，1996年

全14卷，半自传型漫画作品，描绘了梦想成为漫画家的两位少年的青春岁月。同其续篇《爱……懵懂时节……》，一起被众多漫画家奉为经典。书中部分逸事含有创作成分，与事实相异。本书在创作时尝试以上述作品为参考，探寻藤子·F·不二雄的一生。

《常盘庄青春日记》，藤子不二雄Ⓐ著，光文社，1996年

书中收录了藤子不二雄Ⓐ在常盘庄时代的日记，细致记录了当时的生活点滴、同常盘庄伙伴的交流以及在创作漫画过程中的内心挣扎，是了解战后日本漫画史的珍贵资料。

其他参考文献

《78岁依然行走在漫画道路上……》，藤子不二雄Ⓐ著，中央公论新社，2012年

《藤子不二雄自选集》，全10卷，小学馆，1981—1982年

《藤子·F·不二雄的漫画技法》，藤子·F·不二雄著，小学馆，2000年

《学习漫画人物馆——藤子·F·不二雄》，小学馆，1997年

《NHK电视台教材——经典人物传》，NHK出版，2010年4—5月号

《爱……懵懂时节……》，全12卷，藤子不二雄Ⓐ著，小学馆，1997—2013年

《常盘庄实录》，丸山昭著，小学馆，1999年

《漫画——常盘庄物语》，手冢治虫等著，祥传社，2012年

《藤子·F·不二雄 SUKOSHI FUSHIGI 物语》，藤子·F·不二雄原著，北村想改编，小学馆，1990年

《哆啦A梦对你说——藤子·F·不二雄创造的世界》，稻垣高广著，社会评论社，2012年

《Pen+写给大人的藤子·F·不二雄》，阪急通信，2012年10月刊

《F生活01》，小学馆，2014年

《行家本色——传奇漫画家藤子·F·不二雄》，NHK，2013年10月21日放映

《昭和伟人传——藤子·F·不二雄》，BS朝日，2013年12月18日放映

2014年

「プロフェッショナル　仕事の流儀」(《行家本色：传奇漫画家藤子·F·不二雄》) NHK，2013年10月21日放映

「昭和偉人伝～藤子·F·不二雄」(《昭和伟人传：藤子·F·不二雄》) BS朝日，2013年12月18日放映

思考题

思考题 1

本书第一章中写道:“他用了一个月的时间疯狂模仿《新宝岛》的画风，寻遍了大街小巷的书店翻找手冢治虫的其他漫画作品。”这个时候的藤本少年心情是怎样的?他又因何想要模仿?

思考题 2

请总结一下藤本和安孙子两位少年的性格。

思考题 3

藤子 · F · 不二雄对工作抱持着怎样的信念和执着?